병자호란, 위기에서 빛난 **조선의 리더들**

인물로 읽는 한국사

병자호란, 위기에서 빛난 조선의 리더들

박은정 글 | 한용욱 그림

휴먼어린이

초대하는 글

《명심보감》에 '욕지미래(欲知未來), 선찰이연(先察已然)'이라는 말이 있어요. '미래를 알고 싶으면 먼저 지나간 일을 살피라.'는 뜻이에요. 이는 우리가 역사를 공부해야 하는 이유이기도 하지요.

1636년 병자년 12월에 조선은 중국 청나라로부터 침략을 당해요. 이 전쟁을 병자년에 조선과 청나라 사이에 벌어진 전쟁이라 하여 '병자호란'이라 하지요. 병자호란이 발발하자 조선의 임금과 신하들은 남한산성으로 피난을 갔고, 47일간 청나라에 맞서다가 삼전도에서 굴욕적인 항복을 하게 되지요.

이 책에는 나라가 위기에 빠졌을 때 각기 다른 방법으로 극복하고자 노력했던 인물들의 이야기가 담겨 있어요. 비난을 한 몸에 받으면서도 청나라와 화친을 주장했던 최명길, 목숨을 바쳐 화친을 반대했던 삼학사(홍익한·윤집·오달제), 굴욕적인 삼전도비문을 써야만 했던 이경석, 선양의 감옥에서도 절의를 잃지 않고 맞섰던 김상헌. 이들 여섯 명으로 대표되는 조선의 신하들이 어떻게 병자호란이라는 크나큰 어려움에 맞섰는지 보여 주고 싶었어요.

최명길과 이경석처럼 청나라와의 화친을 주장했던 신하들을 '주화파'라 하고, 김상헌과 삼학사와 같이 화친을 반대한 이들을 '척화파'라고 불러요. 병자호란 당시에도 그렇고 후대에도 그렇고 주화파가 옳았는지 척화파가 옳았는지는 판단하기 쉽지 않아요.

　결과를 모두 알고 있는 지금의 우리는 어떤 주장이 더 현명했다고 말할 수도 있겠지요. 하지만 전쟁의 소용돌이에 휩쓸려 미래를 내다볼 수 없었던 당시 조선의 신하들은 최선을 다해 옳은 선택을 하려고 노력했어요. 이들은 주장과 태도가 서로 달랐지만, 나라를 사랑하는 마음은 한가지였어요.

　사람마다 소중하게 생각하는 가치와 기준이 다르고, 사람마다 어려움을 극복하는 방법이 다른 법이지요. 누가 옳고 그른가보다는, 그들이 무엇을 가장 중요하게 생각했는지에 대해 귀 기울였으면 해요. 이분들이 얼마나 나라를 사랑했으며 어떻게 나라를 지키려고 애썼는지 마음을 열고 들어 주세요. 이분들의 이야기는 단순히 과거의 이야기가 아니라, 오늘을 살고 내일을 살아야 하는 우리들의 이야기랍니다.

2019년 9월
박은정

차례

초대하는 글 4

최명길
찢으면 다시 붙이리
8

삼학사
절의를 지키고 별이 되다
40

이경석

1009자의 굴욕,
삼전도비문을 짓다

74

김상헌

명분을 잃으면 모든 것을
잃는다

108

부록 역사 선생님이 들려주는 병자호란 이야기 145

최명길

찢으면 다시 붙이리

나를 욕하시게

1636년 11월 8일.

"전하, 나라가 이 지경에 이른 것은 모두 판윤 최명길 때문입니다. 명나라는 부모의 나라이고, 오랑캐는 부모의 원수입니다. 그런데도 최명길은 오랑캐와 친하게 지내자는 화친을 주장하고 있으니, 그가 나라를 그르친 죄는 용서받기 어려울 것입니다."

부교리 윤집이 인조 앞에서 쩌렁쩌렁 울리는 목소리로 분노에 차 말했다. 두 눈은 이글거렸고, 얼굴은 벌겋게 달아올라 있었다. 갓 서른을 넘긴 젊은 신하였지만, 나라에 대한 걱정만큼은 누구에게도 뒤지지 않았다.

"전하, 10년 전 정묘호란 이후 조선이 강해지지 못한 것은 모두 오랑캐와 화친을 했기 때문입니다."

"오랑캐 사신의 목을 베어 화친하지 않겠다는 조선의 뜻을 분명히 보여야 합니다."

윤집의 뒤에 서 있던 수찬 오달제와 장령 홍익한이 앞으로 나오며 말했다. 오달제는 윤집과 비슷한 나이였고, 홍익한은 윤집보다 스무 살은 더 많아 보였다. 세 사람의 기세는 등등했고, 나라를 향한 그들의 충성은 서슬이 퍼렜다.

오랑캐와 화친하자는 주장에 마음속으로 찬성하고 있던 다른 신하들도 세 사람의 기세에 눌려 어깨가 움츠러들었다. 오랑캐와 화친을 해야 할지 말아야 할지 결정하지 못하고 있던 인조도 결의에 찬 세 사람을 보며 마음이 흔들렸다.

그때였다. 어디선가 낮고 굵은 목소리가 들려왔다.

"전하, 오랑캐가 조선을 공격하겠다고 정한 날까지 얼마 남지 않았습니다. 오랑캐와 화친하지 않으면 조선은 전쟁터가 될 것이고, 죄 없는 백성들이 죽어 나갈 것입니다."

편전에 모여 있던 신하들 모두 고개를 들어 소리 나는 곳을 바라보았다. 최명길이 관복을 차려입고 편전으로 들어서고 있었다.

최명길의 얼굴은 해쓱했고 낯빛은 어두웠지만, 표정만은 결연했다. 최명길은 조정에 들어서자마자 임금 앞에 엎드리더니, 오랑캐와 화친을 해야 하는 이유에 대해 말했다.

"전하, 정묘호란 이후 조선이 10년간 평화로웠던 것은 모두 화친의 덕입니다. 명나라가 임진왜란 때 도와준 은혜를 잊지 않는 것이 명나라에 대한 의리이겠지요. 맞습니다. 하지만 우리 조선의 터전을 지켜 내는 것은 백성들에 대한 더 큰 의리입니다. 우리나라 사람이 우리나라, 우리 백성을 지키는 것이 옳겠습니까? 명나라를 위해 우리나라를 망하게 하는 것이 옳겠습니까? 우선 화친으로 전쟁의 위기에서 벗어나고, 그런 뒤에 맞서 싸울 힘을 길러야 할 것입니다."

최명길의 목소리는 차분하면서도 단호했다. 이마에 짙게 드리워진 주름이며 파리한 얼굴색에서 그간 최명길의 고민을 알 수 있었다.

최명길은 고개를 들어 조정에 모인 신하들의 얼굴을 하나하나 돌아보았다. 오랑캐에 맞서 싸우자고 주장하는 사람들은 모두 경멸 어린 눈으로 최명길을 노려보았다. 그들의 얼굴에는 노여움이

가득했고, 당장이라도 최명길에게 달려들 듯한 기세였다.

최명길은 윤집과 오달제, 홍익한과도 눈이 마주쳤다. 최명길도 화친을 반대하는 신하들의 마음을 모르지 않았다. 오랑캐와 화친을 하자고 주장하는 신하들이나 화친을 반대하는 신하들이나 나라를 위하는 마음은 한가지였다. 다만 나라를 사랑하는 방법이 서로 달라 싸워야 하는 상황이 안타까울 뿐이었다.

최명길은 윤집과 오달제 너머로 말 한마디 없이 앉아 있는 예조판서 김상헌도 보았다. 김상헌은 최명길보다도 열댓 살이나 나이가 많은 어른이었다. 김상헌은 학문으로나 삶의 태도로나 나라에 대한 충성심으로나 무엇 하나 어긋남이 없는 사람이었다. 또한 김상헌은 누구보다 오랑캐와의 화친을 반대하는 사람이었다.

최명길이 한참이나 바라보는데도, 김상헌은 최명길에게 눈길조차 주지 않았다. 최명길은 아픈 마음을 달래며 다시 인조 앞에 머리를 조아렸다.

"전하, 어서 화친을 결정하셔야 합니다."

최명길의 목소리에는 10년 넘게 고민한 끝에 얻은 확신이 묻어 있었다. 지난 10년 동안 오랑캐와 화친을 해야 하는지에 대해 누구보다 많이 고민했던 사람이 최명길이었고, 오랑캐와 화친해야 한다는 주장 때문에 누구보다 많이 비난받았던 사람이 최명길이었다.

조정의 신하들 중에 오랑캐와 화친할 수밖에 없다고 생각하는 사람도 많았다. 많은 신하가 오랑캐는 명나라를 칠 정도로 힘이 강하며, 명나라와의 의리 때문에 오랑캐와 맞서다가는 조선이 위험하다는 것도 알고 있었다.

하지만 누구도 섣불리 앞장서서 오랑캐와의 화친을 주장하지는 못했다. 당시 조선의 분위기는 오랑캐와 싸우자고 주장하기는 쉬웠지만, 오랑캐와 화친을 하자고 주장하기는 어려운 상황이었다. 화친을 주장하면 그 순간부터 모든 사람의 비난을 한 몸에 받아야 했기 때문이다.

'누군가 나서야 한다면 내가 나서리!'

최명길은 스스로 어려운 길을 선택했다. 10년 전에도 그랬다.

조선 시대에 중국 땅에는 '명'이라는 나라가 있었고, 조선은 명나라와 좋은 관계로 지냈다. 그런데 명나라의 주변에서 오랑캐로 불렸던 '후금'이라는 나라가 강해지면서 명나라를 공격했다. 후금은 명나라를 공격하는 한편, 조선에는 명나라와의 관계를 끊고 후금과 친하게 지낼 것을 요구했다.

조선은 오랫동안 명나라와 친하게 지냈고, 임진년에 일본이 조선에 쳐들어왔을 때는 명나라로부터 큰 도움을 받았다. 이에 조선은 명나라와의 의리를 저버릴 수 없어 후금의 요구를 받아들이지 않았고, 화가 난 후금은 군대를 이끌고 압록강을 건너 조선에 쳐들어왔다. 후금이 조선에 쳐들어온 전쟁을 정묘년에 일어난 오랑캐와의 전쟁이라는 뜻으로 '정묘호란'이라고 불렀다.

명나라와의 의리를 위해 조선은 후금과의 전쟁도 불사했지만, 나라의 힘이 약했기에 후금을 막아 낼 수 없었다. 10년 전 그때 정묘년에 후금과 친하게 지내는 화친을 맺자고 앞장섰던 사람이 최명길이다.

당시 최명길이 조선의 임금과 신하들을 설득해 후금과 조선은 형제의 나라가 되기로 약속했고, 후금은 조선에 대한 공격을 멈췄다. 그렇게 후금은 형의 나라가 되었고, 조선은 동생의 나라가 되었다.

"이번에는 우리더러 신하의 나라가 되라고 합니다."

"화친을 약속하지 않으면 다시 공격하겠다고 합니다."

그런데 후금과 조선이 형제의 나라가 되기로 약속을 맺고 10년이 지난 이때, 후금은 나라 이름을 '청'으로 바꾸고 조선에 다시 무리한 요구를 해 왔다. 청나라와 조선을 형제의 관계가 아니라, 임금과 신하의 관계로 바꾸자는 것이다. 청나라가 임금의 나라가 되고, 조선은 청나라를 섬기는 신하의 나라가 되라는 말이었다. 이번에도 청나라는 요구를 들어주지 않으면 군대를 이끌고 조선을 공격하겠다고 협박했다.

"오랑캐를 섬기다니 있을 수 없는 일입니다."

"오랑캐를 섬긴다는 것은 명나라에 대한 의리를 저버리는 일입니다. 절대로 안 되는 일입니다."

조선의 임금과 신하들은 모두 분노했다. 청나라가 강한 힘으로 조선을 협박하며 약속을 마음대로 바꾸는 것에 대한 분노였고, 오랑캐로 여겼던 청나라를 임금의 나라로 섬길 수 없다는 자존심에서 우러나오는 분노였다. 더하여 청나라를 임금의 나라로 섬긴다는 것은 그동안 좋은 관계를 맺어 왔던 명나라에 대한 배신이요, 임진년에 도와준 명나라의 은혜에 대한 배반이라고 생각했다.

"최명길의 죄입니다."

"정묘년에 오랑캐와 화친을 맺지 말았어야 합니다."

"최명길을 처벌하소서."

오랑캐와의 화친을 반대하는 조선 신하들은 청나라에 대한 모든 분노를 최명길에게 쏟아부었다. 정묘년에 후금과 형제의 나라로 화친하자고 할 때부터 일이 잘못되었던 것이라며 최명길을 몰아세웠다.

'모두 나를 욕하시게. 나라고 명나라와의 의리가 중하지 않겠나? 우리에게 청나라에 맞서 싸울 힘이 조금이라도 있다면, 나도 청나라와의 화친을 주장하지는 않을 걸세. 하지만 내게는 명나라에 대한 의리보다 우리 임금님의 안위와 백성의 생명이 더 중요하다네. 자네들 뜻을 모르는 것은 아니나, 나는 끝까지 화친을 주장할 것이네.'

최명길은 조정에 모여 있는 신하들 한 사람 한 사람과 눈을 맞추며 마음속으로 말했다. 그때 최명길 옆에서 따뜻한 눈으로 고개를 끄덕여 주는 사람이 있었으니, 이경석이었다. 어려운 시절에 최명길의 곁에서 의지가 되어 주는 동료였다. 힘든 길을 선택한 최명길을 이해해 주는 이경석에게, 최명길도 고마운 마음으로 고개를 끄덕였다.

무조건 전쟁을 피해야 한다

1636년 12월 14일.

금방이라도 눈이 올 듯 하늘이 캄캄했다. 살을 에는 추위와 매서운 겨울바람을 뚫고 조선의 신하들이 급하게 편전으로 모여들었다.

"전하, 적들이 이미 송도를 지났다고 합니다."

"뭐라! 이 일을 어찌해야 하는가?"

인조가 신하들에게 다급히 물었다.

청나라 군대가 이미 송도를 지났다는 말은 한양에 들이닥치는 것도 머지않았다는 뜻이었다. 청나라 태종이 12만 명의 군대를 이끌고 압록강을 건넜다고 한 지 겨우 며칠 만이었다.

화친하지 않으면 조선을 공격하겠다는 청나라의 협박을 받고도 조선의 신하들은 오랑캐와 화친을 할 것인지 싸울 것인지를 두고 말싸움만 하고 있었다. 그러는 사이 청나라는 조선을 공격했고, 조선은 뜻하지 않게 전쟁에 휘말리게 되었다. 이 해가 병자년이니, 이 전쟁을 두고 '병자호란'이라 부른다.

"전하, 서둘러 도성을 떠나셔야 합니다."

최명길이 간곡하게 말했다.

"으흠……."

인조가 고통스러운 신음을 뱉어 내며 말했다.

"왕자들을 먼저 강화도로 향하게 하라. 나는 상황을 좀 더 지켜보겠다."

조선 왕실은 경황없이 피난길에 나섰다. 인조의 둘째 아들인 봉림 대군과 셋째 아들인 인평 대군이 선대 왕들의 이름이 적힌 나무패를 받들고 먼저 강화도로 향했다. 인조의 첫째 아들인 소현 세자만은 아버지 곁에 남았다.

"전하, 적들이 한양에 거의 다다랐다고 합니다."

"……."

"전하, 어서 피하셔야 합니다."

"……."

최명길이 달려와 인조에게 도성을 벗어나야 한다고 거듭 말했지만, 인조는 대답하지 않았다.

저물녘이 되자 금방이라도 눈이 쏟아질 듯 하늘이 더욱 흐렸다. 두 식경 전부터 멀리서 포탄 소리가 들려왔다. 도성 밖 먼 곳 여기저기서 검은 연기가 하늘로 치솟았다. 적들이 점점 가까이 오고 있었다.

궁궐 안에서도 허둥대는 사람들의 다급한 소리가 들렸다. 궁궐의 내시와 궁녀, 마부 들이 서로 달아나느라 이리저리 뛰어다녔다. 인조는 편전에 홀로 앉아 모든 소리를 견뎌 내고 있었다.

"전하, 적들이 양철평에 도착했다고 합니다. 더는 지체할 수 없습니다."

"……."

"전하!"

최명길이 인조에게 피난을 재촉했다.

"전하! 남한산성으로 피하십시오. 강화도로 가는 길은 이미 적들에게 막혔다고 합니다."

"적들이 양철평에 도착했다면…… 이미 늦었다."

"아닙니다. 전하! 신이 적들에게 나아가 시간을 벌어 보도록 하겠습니다."

최명길이 결의에 찬 눈으로 인조를 바라보았다.

"호랑이 입속으로 걸어 들어가겠다는 말인가?"

인조가 걱정스러운 얼굴로 물었다.

"오랑캐에게 가서 화친을 하자고 요청하며 시간을 벌어 보겠습니다. 전하께서는 그사이 서둘러 피하십시오."

최명길은 인조에게 작별 인사를 하고 그길로 대궐을 나섰다. 최명길이 오랑캐에게 시간을 벌러 간 사이, 인조와 소현 세자는 남한산성으로 향했다.

"대감마님, 살려 주십시오."

"오랑캐들이 온 마을을 불살랐습니다. 불길이 지금도 꺼지지 않고 있습니다."

"노인이고 어린애고 가리지 않고 잡아갔습니다. 흐어억."

"우리 임금님은 뭐 하고 계시기에 우리를 구해 주지 않으시나요? 제발 살려 주세요!"

최명길이 대궐을 나와 청나라 진영까지 가는 길은 말 그대로 처참했다. 마을은 불탔고, 사람들은 죽고 다쳤다. 죽은 아이를 안고 울부짖는 아낙네, 피 흘리는 아비 곁에 쓰러진 아이, 창에 맞고 칼에 맞아 죽은 시체 더미 속에서 아들을 찾고 있는 늙은 어미도

있었다.

"으윽!"

최명길은 백성들의 참혹한 모습에 숨이 막혀 왔다.

'잿더미로 변한 마을, 천지에 진동하는 피비린내, 하늘을 울리는 사람들의 울부짖음, 이것이 전쟁이다. 명나라와의 의리를 위해 우리가 희생해야 하는 것은 내 나라 내 백성의 목숨이다.'

최명길은 조정에서 오랑캐와 화친을 해야 하네, 하지 말아야 하네 하며 싸웠던 일들을 떠올렸다.

'의리가 무엇이고 도리가 무엇이더냐? 내 앞에서 피 흘리는 이 백성들을 의리와 도리가 구할 수 있더냐?'

최명길은 불타는 마을과 피 흘리는 백성들을 하나하나 똑똑히 보았다. 어느 것 하나 참아 내기 어려운 광경이었지만 눈을 감지 않았다. 두 눈 똑바로 뜨고 백성들의 참혹한 상황을 하나도 빠짐없이 보고 기억했다.

'오랑캐를 임금이라 부르면 어떻고 형이라 부르면 어떠랴? 피 흘리는 백성들을 위해서라면 무조건 전쟁을 피해야 한다. 무릎을 꿇어서라도 화친을 맺어 조선의 백성을 구해 내리라.'

최명길은 아랫입술을 피가 나도록 깨물었다.

최명길에게는 백성 외에는 어떤 것도 보이지도 들리지도 않았다. 오직 고통받는 백성들만 보였고, 백성들의 통곡 소리만 들렸다. 반드시 오랑캐와 화친을 맺어 전쟁에서 백성들을 구해 내겠다는 생각으로 최명길은 불구덩이를 헤치고 적진을 향해 갔다.

찢으면 다시 붙이리

1637년 1월 18일.

며칠 동안 큰 눈이 내리고 바람이 심하게 불었다. 구름과 안개가 사방을 덮어 낮에도 흐리고 어두웠으니, 가까이 있는 사람도 서로 알아보지 못할 지경이었다. 남한산성에 피난해 있던 인조와 신하들의 마음을 하늘도 아는 듯했다.

"전하, 명나라가 보낸 구원병들이 모두 적에게 패했다고 합니다."

"성안에 식량이 얼마 남지 않았습니다. 하루 먹는 양식을 군인들은 3홉으로, 벼슬아치들은 5홉으로 줄이면 겨우 20일가량 버틸 수 있을 듯합니다."

"전하, 적들에 포위되어 성 밖과 연락이 되지 않습니다. 성 밖의 상황이 어떠한지 심히 걱정되옵니다."

인조가 대궐을 버리고 남한산성으로 피신한 지도 벌써 달포가

지났다. 남한산성 안의 식량은 떨어져 갔고, 칼날 같은 겨울 추위에 얼어 죽는 군인들이 생겨났다.

  조선의 임금과 신하들이 남한산성에서 근근이 버티고 있었지만, 시간이 갈수록 적들의 포위는 조여 왔고 조선의 백성들은 바람에 쓰러지는 풀잎처럼 적들에게 죽어 갔다.

"더는 미룰 수 없습니다. 저들과 화친을 결정하셔야 합니다."

  최명길이었다. 최명길은 청나라가 조선을 공격한 이래로 줄곧 오랑캐와의 화친을 주장했지만, 아직도 화친이 결정되지 않았다.

  최명길은 성 밖의 백성들을 한시도 잊은 적이 없었다. 피하고 싶었던 전쟁은 벌어졌고, 조선은 적들의 말발굽에 짓밟혔다. 백성들은 죄 없이 죽어 갔고, 조선의 땅은 적들의 노략질에 황폐해졌다.

"전하! 결정하시옵소서."

  최명길이 인조에게 결정을 재촉했다.

"음…… 그대가…… 화친의 글을 쓰시오."

  인조가 최명길을 바라보며, 목구멍에 걸려 나오지 않으려는 소리를 겨우 끄집어내어 말했다. 인조의 두 눈은 고뇌로 일그러졌고, 얼굴은 흙빛으로 변했다.

  인조가 비로소 최명길에게 화친의 글을 쓰도록 허락했다. 인조가 남한산성으로 피신할 시간을 벌기 위해 최명길이 홀로 적들에게 갔을 때, 적들은 화친의 문서가 없다며 화친을 거절했다. 나라와 나라가 화친을 결정하려면 임금의 이름으로 화친하자는 내용의 글이 필요했던 것이다.

"전하! 죽여 주시옵소서."

최명길은 인조 앞에 엎드려 통곡했다. 최명길도 마음이 찢어지는 것은 마찬가지였다. 인조도 울고 신하도 울고 하늘도 울었다.

최명길은 그길로 글을 쓸 수 있는 비국으로 물러나 화친의 문서를 작성했다.

최명길에게는 천년 같은 시간이 흘렀다. 최명길의 붓끝에 나라의 운명이 걸려 있었으니, 화친하자는 문서에 들어가는 한 글자 한 글자는 억겁의 시간에 걸쳐 얻어 낸 고민의 흔적들이었다.

"으흠······."

붓을 내려놓으며 최명길은 고통스럽게 긴 한숨을 쉬었다.

말이 화친이지 사실은 항복의 문서였다. 누군가는 해야 할 일이었고, 최명길 스스로 하겠다고 나선 일이었다. 하지만 조선의 신하된 사람으로, 자신의 이름을 걸고 오랑캐에게 화친을 구걸하는 문서를 쓰고 있자니 마음이 쓰라렸다.

"판윤, 화친 문서를 쓰고 있단 말이 사실이오?"

김상헌이 흰 수염을 흩날리며 득달같이 달려왔다. 김상헌의 얼굴에는 노기가 등등했다. 그간 김상헌은 병으로 일어나지 못하고 며칠이나 누워 있었는데, 최명길이 화친 문서를 쓴다는 말을 듣고는 병든 몸을 이끌고 오는 길이었다.

"오셨습니까?"

최명길은 화친 문서를 들고 담담히 김상헌을 맞이했다. 화친 문서를 쓰기 위해 붓을 들었을 때, 최명길은 이미 이런 일을 예감하고 있었다.

"얼마나 대단한 글을 썼는지 한번 봅시다."

김상헌이 두 눈을 부릅뜨고 최명길을 노려보며 말했다. 최명길은 아무 말 없이 김상헌에게 문서를 건넸다.

김상헌은 화친 문서를 받아 들고는 거칠게 펼쳐 빠르게 읽어 내려갔다. 화친 문서 한 줄 한 줄을 읽어 내려갈수록 김상헌의 얼굴이 험상궂게 변했다.

"뭐라! 어떻게 이리 비굴할 수가 있소?"

김상헌은 문서를 반도 채 읽기 전에 화를 이기지 못하고 화친 문서를 박박 찢어 버렸다. 김상헌은 갈기갈기 찢은 화친 문서를 최명길에게 뿌리고는 그 자리에 주저앉아 통곡했다.

"이 나라를 어찌할 것이며, 임금의 안위는 누가 지킨단 말인가?"

백발의 병든 노인이자 한 나라의 예조 판서인 김상헌이 주저앉아 통곡하자 주변에서 사람들이 모여들었다. 찢긴 채 땅에 흩뿌려진 문서, 그저 서 있는 최명길, 땅에 주저앉아 통곡하는 김상헌.

그 모습을 지켜보는 신하들 모두 숙연했다. 김상헌을 따라 통곡하는 신하들도 있었고, 최명길과 찢어진 문서를 번갈아 보면서 난처해하는 신하들도 있었다.

"판윤은 어찌 차마 이런 짓을 한단 말이오?"

통곡하던 김상헌이 그 자리에 굳은 듯 서 있는 최명길을 노려보며 말했다. 화친을 반대하며 김상헌과 같이 울던 신하들도 최명길을 원망 가득한 눈으로 바라보았다.

"이 일에 대해 도대체 어떻게 책임지려 하시오?"

최명길은 말없이 그들의 시선을 견뎌 냈다. 비난하고 욕하고 분노하는 그들의 시선을 온몸으로 견뎌 내는 것만이 지금 최명길이 할 수 있는 유일한 일이었다.

최명길의 시선이 땅바닥에 흩어진 찢긴 문서 조각에 가 닿았다. 한 글자 한 글자 최명길의 고뇌에서 아프게 나온 글이었다. 또한 인조의 명령으로 지어진 나라의 글이었다. 그 글이 갈기갈기 찢겨 땅바닥에 널브러져 있었다.

최명길은 정신이 퍼뜩 들었다. 지금은 누가 누구를 비난하고, 누가 책임을 지고 안 지고를 다툴 때가 아니었다. 성 밖에서 죽어 가는 백성들의 고통에 귀 기울여야 할 때였다.

"오랑캐를 무찌를 수 있습니까?"

최명길은 눈물범벅이 된 김상헌을 바라보며 담담한 목소리로 또박또박 물었다. 최명길의 목소리에는 어떤 분노도 노여움도 없었다. 그저 김상헌에게 오랑캐를 무찌를 수 있는지 묻고 있었다.

김상헌은 최명길의 질문에 바로 대답하지 못했다.

"오랑캐를 무찌를 수 있습니까?"

최명길이 다시 물었다.

"…… 불가능하오."

최명길을 노려보던 김상헌이 고개를 떨구며 말했다. 최명길이 김상헌 곁에 모여 있던 신하들 하나하나를 돌아보며 눈으로 같은 질문을 던졌다. 신하들 모두 최명길에게서 고개를 돌렸.

누구도 최명길에게 오랑캐를 무찌를 수 있다고 말할 수 없었다. 청나라는 강했고, 조선이 명나라에 대한 의리나 도리만으로 강한 청나라에 맞서 싸울 수 없다는 것은 모두 알고 있었다.

"이 산성은 지킬 수 있겠습니까?"

최명길이 다시 김상헌을 보고 물었다.

"불가능하오."

김상헌이 아까보다 더 작아진 목소리로 말했다. 강한 청나라로부터 조선은 물론이거니와 당장 남한산성조차 지켜 낼 수 있을지 모를 일이었다. 남한산성을 지키지 못한다는 것은 인조의 안위를 지켜 내지 못한다는 말이었다.

"오랑캐를 무찌를 수도 없고 산성도 지킬 수 없다면 우리 임금을 어찌 지켜 낼 수 있으며, 우리 백성들은 누가 지켜 냅니까?"

최명길의 질문에 김상헌은 물론이고 아무도 대답하지 못했다. 최명길 주위에 서 있던 신하들도, 김상헌 주위에 앉아 있던 신하들도 모두 먹먹한 가슴으로 먼 하늘만 바라보았다.

그때 최명길이 허리를 구부리고는 땅에 떨어진 화친 문서 조각을 하나하나 집어 들었다. 모여 있던 신하들 모두 최명길의 행동을 그저 바라보았다.

"굴욕적인 화친 문서를 쓰는데, 쓰는 사람이 있으면 말리는 사람도 있어야겠지요. 공께서는 찢어 버리십시오. 저는 다시 이어 붙일 것입니다. 화친 문서를 찢는 것이 공이 나라를 사랑하는 길이라면, 찢긴 문서 조각을 이어 붙이는 것이 제가 나라를 사랑하는 길입니다."

최명길은 마지막 조각까지 모두 주워 들더니 말없이 걸어갔다. 찢긴 문서 조각을 품에 안고 힘없이 걸어가는 최명길의 머리 위로 눈이 내렸다. 눈인지 비인지 모르게 질척이는 눈이었다.

최명길
한 시대를 구한 재상

최명길 공은 조선 후기의 문신으로 정묘호란, 병자호란 등 어려운 시기에 나라를 위해 애썼던 신하로, 1586년에 태어나 1647년 62세의 나이로 세상을 떠났다.

기자는 최명길 공의 손자인 최석정 공과, 최명길 공이 지은 글을 모아 만든 《지천집》이라는 책에 서문을 지은 박세당 공을 만났다.

최명길 공은 정묘호란 때부터 병자호란에 이르기까지 계속해서 조선과 오랑캐의 화친을 주장했는데, 그 이유를 아시나요?

최석정입니다. 할아버지께서는 설령 천하에 죄인이 되더라도 임금과 백성을 차마 망할 땅에 둘 수는 없었다고 하셨습니다. 그때 나라는 힘이 없었고, 청나라의 군대는 강했습니다. 청나라와 전쟁을 계속하게 되면 조선이 처참해질 것은 불을 보듯 명백한 일이었지요. 오랑캐라고 얕잡아 보았던 청나라에게 비굴한 모습을 보이더라도 조선의 백성들을 위해서라면 화친을 주장할 수밖에 없었다고 하셨습니다.

오랑캐와 화친을 주장한 일로 많은 비난을 받으셨다는데, 그때의 심정에 대해서도 들으셨는지요?

할아버지께서는 사람들에게 비난받는 것은 참을 수 있었다고 하셨습니다. 오랑캐와 화친을 하자는 할아버지의 주장에 귀 기울여 주는 사람들이 없다는 것이 더 안타까웠다고 말씀하셨지요. 백성들은 죽어 가는데 조선의 신하들은 이길 방도도 없이 싸우자고 주장만 했으니 갑갑할 노릇이었다고 하셨지요.

최명길 공께서 앞장서서 오랑캐와의 화친을 주장했는데, 훗날 선양의 감옥에는 왜 갇히게 되었나요?

할아버지께서는 청나라와 어쩔 수 없이 화친을 맺었지만, 그것은 조선이 진실로 바라는 일이 아니었음을 명나라 황제에게 알리려고 하셨어요. 할아버지께서 독보라는 묘향산 승려를 바닷길로 몰래 보내 명나라 황제에게 이런 상황을 전달하게 했는데, 그것을 이계라는 사람이 고발하는 바람에 청나라에 들켜 버렸지요.

남한산성 병자호란이 일어나자 인조와 신하들은 남한산성으로 들어갔다. 이곳에서 청나라 군사들에게 포위된 지 47일 만에 항복했다.

선양에 끌려가서 어떤 일을 겪으셨는지도 들으셨나요?

할아버지께서는 수갑과 쇠사슬이 채워진 채로 선양의 북관에 갇혀 있었다고 하셨어요. 북관은 사형수를 가두어 두는 감옥이었으니, 언제 죽을지 알 수 없는 상황이었다지요. 용골대라는 청나라 장수가 불러 조선의 임금이 시킨 일이냐고 추궁했지만, 할아버지께서는 끝까지 우리 임금님은 모르는 일이고 혼자서 계획한 일이라 주장하셨다고 해요.

최명길 공에 대해서 "나라에 위급한 일이 닥치면 피하지 않고 앞장섰으며, 일을 맡으면 칼로 쪼갠 듯 분명하게 처리해서 당할 사람이 없었다. 참으로 한 시대를 구한 재상이라 할 만하다."라는 평가가 있더군요?

박세당입니다. 제가 말씀드리지요. 청나라가 침략해 왔을 때, 최명길 공은 적에게 달려가 말로써 적의 칼날에 맞섰고, 부드러움으로 적의 사나움을 눌렀습니다. 조선 사람들이 편안히 잠자고 가족을 지켜 낼 수 있었던 것은 모두 최명길 공의 은혜입니다. 그러니 참으로 한 시대를 구한 재상이 맞지요. 그런데 오늘날 최명길 공의 은혜를 잊어버리고 그를 헐뜯는 사람들이 있으니, 지나치게 잘못된 것이 아니겠습니까?

헐뜯는다니요? 자세히 듣고 싶습니다.

손자인 제가 말씀드리겠습니다. 어려운 시절에 할아버지께서는 옳다고 생각하는 일을 주저함 없이 주장하셨습니다. 그런데 어떤 사람들은 할아버지를 소인이라 비난하고 있습니다. 김상헌 공과 삼학사의 절의에 비교하면, 김상헌 공과 삼학사는 군자이고 저희 할아버지는 소인이라더 군요.

화친을 반대하지 않았기 때문에 의리를 저버렸다는 거군요?
그렇습니다. 할아버지께서는 나라를 구하기 위해 최선을 다해 애쓰셨습니다. 그런데 오랑캐와의 화친을 주장했다고 의리를 저버린 사람이라니요? 할아버지가 돌아가셨을 때 어떤 분께 할아버지의 묘비에 쓸 글을 써 달라고 부탁했습니다. 그런데 그분도 끝까지 할아버지의 묘비에 의리를 지킨 분이라 써 주지는 않더군요.

병자호란 때 오랑캐와 화친을 주장하는 것이 옳았을까? 오랑캐와의 화친을 목숨을 걸고라도 반대했어야 옳았을까? 최석정 공과 박세당 공을 만나고 나오면서 기자는 많은 생각이 들었다.

청 태종 중국 청나라의 황제로, 내몽골을 평정하고 나라 이름을 '후금'에서 '청'으로 바꾸었다. 병자호란 때 직접 군사를 이끌고 조선을 침입했으며, 인조의 항복을 받고 물러났다. 끝내 명나라 정복의 꿈은 이루지 못한 채 죽었다.

삼학사

절의를 지키고 별이 되다

홍익한을 보내십시오

1637년 1월 22일.

눈이 내렸다. 며칠 동안 눈 폭탄이 휘몰아치더니 눈이 무릎 높이까지 쌓였다. 살을 에는 겨울바람까지 불어 대니 산성에 피난해 있는 사람들의 고생은 이루 말할 수 없었다.

오랑캐가 남한산성 안으로 대포를 쏘아 댔는데, 대포알의 크기가 큰 것은 국그릇만 하고 작은 것은 달걀만 했다. 대포알은 회오리바람처럼 빠르게 날아다녔고, 떨어지면 벼락 치는 소리를 냈다. 오랑캐가 쏜 대포알에 맞아 다치거나 죽는 사람도 생겼다. 성안 사람들은 놀라고 두려워 벌벌 떨었다.

"무어라 하더냐?"

인조가 물었다.

"남한산성에서 나오려거든 화친을 반대한 신하들을 먼저 잡아

보내라 합니다."

화친 문서를 가지고 오랑캐의 진영에 갔다 돌아온 최명길이 대답했다.

"어찌 보낸단 말인가?"

인조가 난감한 얼굴로 다시 물었다.

"망한 나라는 있어도 충신을 적에게 보내는 나라는 없습니다."

"저들의 요구를 들어줄 수 없습니다."

남한산성에 임시로 마련된 궁궐인 행궁에 모여 있던 신하들 중 몇몇이 오랑캐의 무리한 요구에 분노했다.

"화친을 위해서는 누군가 가야 합니다."

최명길이 분노하는 신하들에게 맞서며 말했다.

"너무나 참혹한 일이다."

인조가 아픈 신음을 뱉어 냈다.

"전하, 송구하옵니다."

"망극하옵니다. 전하!"

신하들도 처참한 마음에 그저 죄송하다는 말만 되풀이할 뿐이었다.

그때 어디선가 작고 힘이 없으나 강단 있는 목소리가 들려왔다.

"제가 가겠습니다."

신하들 모두 고개를 들어 소리 나는 곳을 바라보았다. 흰 수염, 흰 눈썹, 흰머리의 늙은 몸을 이끌고 금방이라도 쓰러질 듯 비척거리며 행궁으로 들어오는 사람이 있었다. 김상헌이었다.

예조 판서 김상헌은 최명길이 화친 문서를 들고 오랑캐에게 간 이후부터 죽기를 각오하고 음식을 입에 대지 않았다. 엿새 동안 아무것도 먹지 않고 죽기만을 기다리던 김상헌이, 오랑캐가 화친을 반대하는 신하들을 보내라 한다는 소식을 듣고 한걸음에 달려온 것이다.

"전하, 아니 되옵니다."

"전하, 예조 판서를 보낼 수는 없사옵니다."

인조는 안타까운 얼굴로 김상헌을 바라보았고, 행궁에 모여 있던 신하들은 술렁거렸다.

"남한산성을 둘러싼 저들의 포위를 풀려면 화친을 맺어야 하고, 화친을 맺으려면 그들의 요구를 들어주어야 합니다."

다시 최명길이 나섰다. 최명길은 화친을 반대했던 신하들을 차마 적에게 보낼 수 없어 망설이는 임금과 신하들에게, 무엇보다 오랑캐와 화친을 해야 한다는 사실을 일깨워 주었다.

"……."

"……."

오랑캐와의 전쟁을 끝내고 남한산성을 나가려면 저들과 화친을 해야 하고, 화친을 하려면 조선의 충신을 저들에게 보내야 하는 상황을 임금도 신하들도 견디기 어려웠다.

"홍익한을 보내십시오."

최명길이었다. 최명길이 엎드려 고개를 숙인 채 담담히 말을 이어 갔다.

"오랑캐와의 화친을 제일 먼저 반대했던 사람이 홍익한이고, 오랑캐 사신의 목을 베라고 했던 사람도 홍익한입니다. 홍익한은 지금 평양에 있습니다. 전하의 뜻을 전하시면 홍익한은 기꺼이 적에게 갈 것입니다."

최명길이 바닥만 바라보면서 쇳덩이 같은 목소리로 말했다.

"……."

"……."

인조도 신하들도 고통으로 얼굴을 일그러뜨릴 뿐 아무 말이 없었다.

죽음에 당당히 임하리

1637년 3월 5일.

선양은 봄인데도 날씨가 겨울처럼 음산했다.

"나리, 오랑캐들이 사람을 죽이는 형틀을 준비하고 있다고 합니다. 어찌해야 합니까? 흑흑."

조선에서부터 홍익한을 따라왔던 하인이 급하게 뛰어 들어오며 말했다.

"저들이 나를 욕보이겠지만, 나는 절대로 굴하지 않을 것이다. 오늘 나는 반드시 죽을 것이다."

홍익한이 태연한 얼굴빛으로 평상시처럼 하인을 보며 말했다.

갑자기 오랏줄을 받던 날에도 눈썹 하나 까딱 않던 홍익한이었다. 홍익한은 지그시 눈을 감고 지난날을 돌이켰다.

"죄인 홍익한은 어서 나와 오랏줄을 받아라!"

스무 날쯤 전인 2월 12일, 증산 현령인 변대중이 창을 든 군사들을 이끌고 평양 두리도에 있는 홍익한을 잡으러 들이닥쳤다.

"무슨 죄로 나를 잡아가겠다는 말이오?"

평양에서 오랑캐들과 맞서 싸우며 해가 뜨나 달이 뜨나 나라의 안위만 걱정하던 홍익한에게는 날벼락 같은 일이었다.

"오랑캐와의 화친을 반대했던 죄로 너를 붙잡아 오랑캐에게 보내라는 전하의 명령이시다."

변대중이 험악한 얼굴로 말했다.

"뭐라?"

홍익한이 다음 말을 묻기도 전에 군사들이 달려들어 그를 오랏줄로 단단히 묶었다.

"전하의 명령이라면 기꺼이 내 발로 가겠소. 다만 내가 아직 저녁을 먹지 못했으니 밥이나 먹고 가게 해 주오."

홍익한이 변대중에게 말했다.

"죄인이 무슨 말이 그리 많은가? 어서 끌고 가라!"

홍익한을 매몰차게 죄인으로 대하는 변대중이었다.

"나라가 이 지경에 이르렀는데 개미 같은 목숨이 아깝겠는가?

내가 죽음을 두려워하는 사람이던가? 더구나 전하의 명령인데 설마 내가 도망칠까 싶어 나를 이렇게 대하는가?"

홍익한의 호통에 변대중이 움찔했다. 변대중은 군사들에게 묶은 줄을 풀게 하고, 홍익한이 저녁밥을 먹을 수 있도록 잠깐의 말미를 주었다.

홍익한은 조선에서의 마지막 밥을 먹었다. 이제 오랑캐에게 끌

려가면 언제 돌아올지 모르는 기약 없는 길을 떠나야 했다.

'나라를 위해 몸 바치는 것이 평생의 내 바람이었다. 이 길 또한 나라를 위해서라면!'

내 나라를 위해 싸우다 어처구니없게도 내 나라 사람들에게 붙잡혀 적에게 보내져야 했지만, 홍익한은 기꺼이 그 길을 갔다.

13일 동안을 내리 걸어 2월 25일에 청나라 선양에 도착했다.

홍익한은 선양으로 끌려가는 길에 조선 사람들이 줄줄이 포로로 잡혀가는 모습을 보았다. 오랑캐들이 끌고 가는 낙타에는 조선의 보물들이 가득 실려 있었다.

"불쌍한 이 백성들을 어찌해야 한단 말인가? 흐어억."

홍익한은 피투성이가 된 발로 질질 끌려가는 조선의 백성들을 보며 통곡했다.

'얼마나 많은 백성이 죽고 얼마나 많은 사람이 죄 없이 끌려가야 하는가?'

홍익한은 힘없는 나라의 백성이라는 이유만으로 죄 없는 사람들이 꿰진 굴비처럼 묶여 줄줄이 포로로 끌려가는 모습을 차마 볼 수 없었다.

'짐승 같은 오랑캐와의 화친이란 결국 이런 것이었다. 우리 임금은 저들에게 무릎을 꿇어야 했고, 우리 백성들은 저들에게 짐승처럼 끌려가고 있다. 이것이 화친이란 말인가!'

홍익한은 오랑캐와의 화친을 끝까지 반대하지 못한 것이 원통했다.

2월 28일, 홍익한은 선양의 감옥에 갇혔다.

오랑캐들은 홍익한을 감옥에 가두어 두고는 좋은 음식으로 달래려 했다.

"이는 황제가 하사한 것이니 먹지 않으면 안 된다."

"나는 죽으러 왔다. 어찌 먹겠느냐?"

오랑캐들이 음식을 먹으라고 아무리 협박을 해도 홍익한은 끝내 어떤 음식도 입에 대지 않았다.

오랑캐 장수 용골대가 감옥으로 홍익한을 찾아왔다.

"너는 무슨 일로 여기 왔느냐?"

"나는 화친을 반대했기 때문에 잡혀 왔다."

"너희 나라 신하들 중에 화친을 반대한 사람이 매우 많을 것인데, 어찌 너 한 사람뿐이냐?"

"나 하나면 되었지 무엇을 더 바라느냐?"

용골대의 질문에 홍익한이 웃으며 대답했다.

"너뿐 아니라 분명히 다른 사람이 더 있을 것이니 숨기지 말고 바른대로 말하라."

"지난봄에 네가 우리나라에 사신으로 왔을 때 네 머리를 베자고 했던 사람이 바로 나다."

아무리 달래고 협박해도 홍익한은 화친을 반대했던 다른 사람의 이름을 말해 주지 않았다.

"홍익한은 나오라."

홍익한이 눈을 감고 지난날을 돌아보는 중에 오랑캐 병사들이 감옥으로 들이닥쳤다. 오랑캐 병사들은 홍익한의 두 손을 등 뒤로 묶고는 거칠게 끌어냈다.

"빨리빨리 걸어라!"

오랑캐 병사들이 빠르게 걸으라고 무섭게 다그치는데도, 홍익한은 편안한 얼굴로 느긋느긋 걸었다.

"나리, 저들이 화를 낼까 두렵습니다. 제발 저들이 하라는 대로 하십시오."

곁에서 따라오던 하인이 작은 목소리로 속삭였다.

"죽음에 당당히 임할 것이다. 어찌 허둥지둥하겠느냐?"

홍익한은 안절부절못하는 하인에게 오히려 웃으며 대답했다.

홍익한이 오랑캐 임금 앞에 이르자, 오랑캐 병사들이 홍익한에게 무릎을 꿇으라고 했다. 그러나 홍익한은 무릎을 꿇기는커녕 거만하게 서서 오랑캐 임금을 마주 보았다.

"왜 무릎을 꿇지 않고 거만하게 서 있느냐?"

오랑캐 임금이 물었다.

"이 무릎을 어찌 너에게 꿇겠느냐?"

홍익한이 대답했다.

오랑캐 임금이 화를 참으며 다시 물었다.

"너는 왜 약속을 배반하고 화친을 반대했느냐?"

"너희는 우리나라와 형제가 되기로 약속을 해 놓고 도리어 우리나라를 신하로 삼으려 했다. 약속을 배반한 것은 우리가 아니고 너희다!"

 홍익한이 조금도 움츠러들지 않고 거침없이 대답하니, 오랑캐 임금이 오히려 말문이 막혀 한참 동안 말을 하지 못했다.

 "왜 나를 빨리 죽이지 않느냐? 내가 여기서 죽더라도 나의 넋은 하늘을 날아 조선으로 돌아가 노닐 것이다. 더 할 말이 없으니 어서 빨리 나를 죽여라."

 홍익한이 자신을 빨리 죽이라고 소리쳤다.

 "이 사람은 굴복시키기 어려운 사람이다."

 오랑캐 임금이 주위를 돌아보고 말했다.

 오랑캐 임금의 말이 떨어지자 두 사람의 오랑캐 병사가 홍익한 앞으로 나오더니, 홍익한의 양쪽 겨드랑이를 잡아끌고 밖으로 나갔다.

 1637년 3월 5일, 오랑캐와의 화친을 반대하던 홍익한은 중국 선양에서 오랑캐에 의해 죽음을 맞았다. 그때 홍익한의 나이 52세였다.

적진에 나가 죽게 하소서

1637년 1월 29일.

눈은 멎었으나 대포 소리가 온종일 그치지 않았다. 성안의 사람들은 대포 소리를 들으며 눈을 떴고, 대포 소리를 들으며 잠이 들었다.

해가 뜰 무렵부터 적들이 남쪽 성문을 침범했다. 남쪽 성문을 깨뜨리지 못한 적들은 남쪽 성 건너편에 대포를 설치하고, 남한산성을 향해 온종일 대포를 쏘아 댔다. 성 위에 쌓은 담인 성가퀴가 탄환에 맞아 모두 허물어졌다.

"전하, 적의 사신이 성문 가까이까지 와서 화친을 반대한 신하들을 내놓으라 하고 있습니다."

"이미 홍익한을 보내기로 했는데, 또 누구를 더 보내라는 말인가?"

"화친을 반대했던 신하들을 모조리 잡아 보내라고 합니다."

인조도 조정의 신하들도 모두 어찌할 바를 몰랐다.

그때였다. 밖에서 다급한 소식이 도착했다.

"전하, 강화도가 함락되었다고 합니다."

"뭐라? 왕자들은?"

"모두 적에게 붙잡혔다고 합니다."

"으윽!"

강화도에 피난 가 있던 둘째 아들인 봉림 대군과 셋째 아들인 인평 대군도 적에게 붙잡혔다고 했다. 이제 남은 곳은 남한산성 한 곳뿐이었다.

"강화도마저 함락되었다면……."

인조가 흙빛이 된 얼굴로 말을 잇지 못했다.

"성이 고립되었습니다. 저들이 강화도까지 함락시켰으니, 혹시라도 머뭇거리다가는 더 큰 화가 닥칠 것입니다."

최명길이 다급하게 아뢰었다.

"어찌해야 하는가?"

인조가 절박한 눈길로 최명길을 바라보았다.

"전하, 저들은 화친을 반대했던 신하들을 더 내놓으라고 합니다. 저들의 요구를 들어주셔야 합니다."

인조가 고통으로 숨이 막히는 듯 가슴을 부여잡았다.

"누구를 보낸단 말이오?"

인조가 최명길을 쳐다보았다. 최명길도 이번에는 인조의 물음에 바로 대답하지 못했다.

이미 홍익한을 저들의 손에 넘겨주기로 했다. 홍익한 한 사람을 보내는 것만으로도 살을 도려내는 아픔을 겪었다. 이제 누구를 더 보내야 할지 아무도 나서서 말하지 못했다.

"전하, 예조 판서 김상헌이 궐 밖에서 짚을 깔고 엎드려 적진에 나아가 죽게 해 달라고 청하고 있다 합니다."

도승지가 인조에게 아뢰었다.

"예조 판서……."

인조가 안타까움으로 가슴 저 밑바닥의 숨까지 끌어올려 몰아쉬었다. 숨을 몰아쉬고 또 몰아쉬어도 답답함이 풀리지 않았다. 꽉 막힌 가슴은 그저 아프고 또 아팠다.

그때였다.

"적진에 나가 죽게 하소서."

행궁에 모여 있던 신하들 중에서 두 사람이 뚜벅뚜벅 나란히 걸어 인조 앞으로 나왔다. 교리 윤집과 수찬 오달제였다. 윤집과 오달제는 오랑캐와의 화친을 반대하며 최명길을 벌주라고 강하게 주장했던 신하들이었다.

"오랑캐 진영으로 가서 당당히 칼날을 받겠습니다."

두 사람은 나라를 사랑하는 한결같은 마음으로 오랑캐와의 화친을 반대했고, 나라를 사랑하는 한결같은 마음으로 죽음의 길로 거침없이 나서고 있었다.

"그대들을 어찌 보내겠는가?"

"진실로 나라를 구할 수 있다면 만 번 죽어도 아까울 것이 없습니다."

눈물을 흘리는 임금을 안타까워하며 윤집이 말했다.

"신들이 죽는 것이야 애석할 것이 없으나, 다만 전하의 안위가 염려될 따름이옵니다."

오달제가 걱정 가득한 얼굴로 아뢰었다.

"죽을 곳에 가면서도 오히려 나를 걱정하는가? 그대들이 죄 없이 죽을 곳으로 가는 것을 보려니 나의 마음이 찢어지는 듯하다. 무슨 말을 하겠는가? 흐흑."

인조가 한참을 울고는 다시 말을 이었다.

"그대들에게 부모와 처자가 있는가?"

"신은 아들이 셋인데 모두 남양에 있습니다. 지금은 남양이 적에게 함락되었다고 하니 죽었는지 살았는지는 알 수 없습니다."

윤집이 아뢰었다.

"신은 다만 일흔 된 늙은 어미와 임신 중인 아내가 있을 뿐입니다."

오달제가 말했다.

"참혹하고 참혹하다."

인조가 두 사람의 손을 잡고 목이 메어 더는 말을 잇지 못했다. 인조는 어린 자식들과 늙은 어미, 임신한 아내를 두고 죽을 길로 떠나려는 신하들을 차마 바로 볼 수 없었다.

"오랑캐의 사신이 재촉하고 있습니다."

밖에서 소식을 듣고 도승지가 급하게 아뢰었다.

"어찌 이처럼 재촉하는가?"

인조가 차마 윤집과 오달제를 떠나보낼 수 없어 안타까워했다.

"시간이 되었나 봅니다."

"신들은 떠나겠습니다."

윤집과 오달제가 마지막으로 인조에게 하직 인사를 올렸다.

"나라를 위해 몸을 소중히 하라. 혹시라도 살아 돌아온다면 얼마나 다행……."

인조가 말을 마치지 못했다. 이 길이 살아 돌아올 수 없는 길임을 임금도 신하들도 모두 알고 있었기 때문이다.

죽음이 두렵겠느냐

1637년 4월 19일.

모진 추위가 지나가고 세상은 봄기운으로 설렜지만, 선양의 감옥은 여전히 겨울이었다.

홍익한이 갇혀 있던 선양의 감옥에 이번에는 윤집과 오달제가 갇혔다. 홍익한이 죽고 한 달 남짓 지났을 때였다.

천지에 꽃이 만발하고 봄기운이 가득했던 4월 19일, 오랑캐들이 윤집과 오달제를 감옥에서 끌어냈다. 윤집과 오달제가 선양의 감옥에 갇힌 지 닷새 만이었다.

"너희가 비록 화친을 반대했다고 하더라도 으뜸으로 반대한 사람은 아니니, 너희를 꼭 죽이지는 않겠다. 너희는 아내와 자식을 데리고 이곳 선양에 와서 살아라."

높은 의자에 앉은 용골대가 윤집과 오달제를 뜰에 세워 놓고 말했다.

"내 가족들을 입에 담지 마라. 난리 끝에 가족들이 살았는지 죽었는지도 모른다. 나는 이 자리에서 죽을 것이다."

윤집이 용골대를 똑바로 쳐다보며 말했다.

"죽음을 각오하고 여기까지 왔다. 조선으로 돌아가지 못한다면 차라리 죽는 것이 낫다. 어서 죽여라!"

오달제가 웃음기 띤 얼굴로 말했다.

"나리! 왜 저들의 말을 따르지 않고 스스로 화를 재촉하십니까?"

뒤에 서 있던 하인들이 놀라 울면서 물었다.

"몸을 굽히는 부끄러움이 도리어 죽음보다 참기 어려운 것이다!"

윤집이 모두에게 들으라는 듯이 큰 소리로 말했다.

"우리가 만일 저들의 말을 따른다면 우리도 끝내는 오랑캐가 되고 말 것이다. 어찌 따를 수 있겠느냐?"

오달제가 껄껄 웃으며 대답했다.

윤집과 오달제는 선양의 하늘에서 가족들의 얼굴을 보았다. 늙은 어머니, 임신한 아내, 울며 이별했던 형과 동생……

두 달 전이었다. 윤집과 오달제는 남한산성의 성문을 나섰다.

성문을 나설 때 많은 사람들이 울면서 두 사람을 따라왔는데, 그중에 오달제의 형 오달승이 있었다.

"너를 이렇게 보내고 어머니를 어찌 뵌단 말이냐?"

오달승이 동생 오달제의 얼굴을 두 손으로 쓰다듬으며 울었다.

"형님, 너무 슬퍼 마십시오."

오달제가 눈물 젖은 눈으로 형의 얼굴을 바라보았다.

형을 달래던 오달제가 급하게 생각난 듯 소매에서 줄 달린 나무 조각을 꺼냈다.

"형님, 잘 보십시오."

오달승은 동생의 손에 쥐여 있는 조그마한 나무 조각을 보았다.

"내가 오랑캐에게 가면 반드시 죽을 것입니다. 내 주검을 찾을 때 이 나무 조각을 신표로 삼으십시오. 이 나무 조각이 목에 걸려 있는 주검이 저일 것입니다."

오달제가 나무 조각이 달린 줄을 목에 걸면서 말했다.

"흐어억, 흐어억……."

오달제의 말이 끝나기도 전에 오달승이 통곡했다.

통곡하던 오달승이 갑자기 최명길에게 달려가더니 그의 소매를 붙잡고 말했다.

"내 아우가 남한산성으로 임금님을 모시고 들어올 때, 먼 길을 걸어와서 발이 많이 부르터 있습니다. 말 한 필만 얻어 주어 내 아우가 부르튼 발로 다시 걷지 않도록 해 주십시오."

오달승이 최명길에게 간곡히 부탁했다. 두 사람을 따라오던 성안 사람들도 오달승의 말을 듣고 모두 안타까워했다.

"화친을 반대한 사람이 꼭 형님만이 아닌데, 어찌 형님이 가야 합니까?"

이번에는 윤집의 동생 윤유가 형의 소매를 붙잡고 다급하게 물었다.

"내가 스스로 선택한 일이니 조금의 원망도 없다. 몸을 바쳐 위태로운 나라를 구할 수 있다면 또한 다행이다. 다만 어머니를 다시 뵐 수 없게 되었으니 하늘을 우러러 피눈물을 흘릴 뿐이다."

윤집이 동생의 손을 어루만지며 말했다.

"오랑캐와 화친을 하면 되었지 않습니까? 왜 화친을 반대하셨습니까?"

윤유가 원망스러운 목소리로 형에게 소리쳤다.

"처음부터 오랑캐와 화친을 하자고 하면 오랑캐가 우리를 더욱 가벼이 보고 점점 더 무리한 요구를 해 올 것이다. 화친을 하면 할수록 오랑캐의 올가미에 걸려들겠지. 어렵더라도 오직 한마음으로 성을 지키고, 저들에게 우리의 강한 뜻을 보인 다음에야 화친을 이야기할 수 있는 것이다. 안타깝구나."

"형님, 형님!"

윤유가 윤집을 부여잡고 울고 또 울었다.

최명길이 윤집과 오달제를 오랑캐 사신에게 데려가기 위해 포승줄로 묶었다. 따라 나왔던 성안 사람들이 모두 통곡했다. 오직 윤집과 오달제 두 사람만은 태연히 조금도 슬퍼하는 기색이 없었다.

울며 따라오던 사람들은 모두 남고, 포승줄에 묶인 윤집과 오달제만이 최명길을 따라 오랑캐 진영으로 나아갔다.

오랑캐 진영까지 얼마 남지 않은 곳에서 최명길이 걸음을 멈추고 말했다.

"시간을 벌고 있으면 반드시 살 방도가 있을 것이오."

"……."

"……."

최명길이 어렵게 입을 열었지만, 윤집과 오달제는 대꾸하지 않았다.

"우리가 온갖 고문을 당하고 오랑캐 땅에서 죽느니 차라리 내 나라인 여기에서 죽읍시다."

앞서가던 윤집이 오달제에게 말했다.

"옳지 않소. 사람이 태어나면 한 번은 죽기 마련이오. 죽을 곳에서 죽어 우리의 절의를 밝혀야 하지 않겠소. 오랑캐 땅에서 당당히 죽읍시다."

오달제가 다정한 눈으로 윤집을 바라보며 말했다. 윤집도 오달제를 보며 고개를 끄덕였다.

오랑캐의 진영에 이르자 적들의 장군인 용골대가 기다리고 있었다. 최명길이 용골대에게 윤집과 오달제, 두 사람을 인도했다.

"윤집? 오달제? 너희의 이름은 전에 내가 들었던 이름이 아니다. 화친을 으뜸으로 반대한 사람은 아닌 듯하다. 너희 나라에서 화친을 으뜸으로 반대한 사람의 이름을 알려 준다면, 너희는 살려 줄 것이다."

용골대가 윤집과 오달제를 보며 말했다.

"죽음이 두렵겠느냐?"

"내 머리를 잘라야 할 것이면 곧장 잘라라. 더 이상 다른 말은 필요치 않다."

윤집과 오달제가 두 눈을 부라리며 말했다. 말하는 기세로 보아서는 묶여 있는 윤집과 오달제가 오랑캐 장군인 용골대를 꾸짖고 있는 듯했다.

용골대는 윤집과 오달제를 선양으로 끌고 갔다. 선양에 도착한 뒤로도 용골대는 화친을 반대했던 조선 신하들의 이름을 말하면 살려 주겠노라며 윤집과 오달제를 여러 차례 달래고 협박했다. 그러나 윤집과 오달제는 끝까지 거절했다.

어디선가 하얀 나비 한 마리가 나풀나풀 날아왔다. 하얀 나비는 의자에 앉아 있는 용골대의 옷자락에 앉았다가 뜰에 서 있는 윤집과 오달제의 주위를 날아다녔다. 지난 두 달 동안의 일을 회상하던 오달제와 윤집이 하얀 나비의 나래짓에 눈길을 주었다.

"그대들은 왜 살기를 바라지 않는가? 무엇 때문에 죽으려고만 하는가?"

용골대가 윤집과 오달제에게 다시 물었다.

"우리는 명나라만 알 뿐이다. 우리나라가 명나라와 좋은 관계를 맺어 온 것이 벌써 300년이나 되었다. 우리가 화친을 반대한 것은 오직 명나라와의 의리를 위한 것일 뿐, 이기고 지거나 죽고 사는 것과는 상관없는 일이다. 너희와의 화친을 반대했다는 이유로 죽어야 한다면, 기꺼이 죽을 것이다."

윤집이 대답했다.

"어서 죽여라!"

오달제가 말했다.

"살려 주려는 은혜를 생각하지 않고 죽기만 바라니, 더는 용서할 수 없다."

용골대가 화를 내고 일어나 나가 버렸다.

기다렸다는 듯이 오랑캐 병사들이 달려와 윤집과 오달제 두 사람과, 윤집과 오달제를 따라 선양에 온 하인 세 사람까지 잡아다가 선양 성의 서문 밖으로 데리고 갔다. 선양 성의 서문 밖은 오랑캐가 사람을 죽이는 곳이었다.

1637년 4월 19일, 윤집과 오달제는 오랑캐에 의해 선양에서 죽었다. 그때 윤집의 나이 32세, 오달제가 29세였다. 어려운 시절을 만나 강직하게 절의를 지키다 아름답게 별이 되었다.

병자호란 때 화친을 반대하다 선양으로 끌려가 모진 고문을 당하면서도 뜻을 굽히지 않고 죽음을 선택한 홍익한, 윤집, 오달제 세 사람을 사람들은 '삼학사'라 불렀다.

삼학사
절의를 지키고 죽음을 맞다

홍익한, 윤집, 오달제 공은 병자호란 때 오랑캐와의 화친을 반대했던 신하들로, 오랑캐에게 끌려가 심한 고문을 당하면서도 뜻을 굽히지 않고 끝내 선양에서 죽음을 맞았다.
기자는 《삼학사전》을 지어 세 분의 절의를 세상에 전한 송시열 공과 오달제 학사님의 조카인 남구만 공을 만났다.

현절사 삼학사의 넋을 위로하고 충절을 기리기 위해 세운 사당으로, 그들이 끝까지 의리를 주장했던 장소인 남한산성 기슭에 있다.

홍익한, 윤집, 오달제 세 분을 '삼학사'라고 하던데, 삼학사가 무슨 뜻인지요?

송시열입니다. 삼학사는 오랑캐와의 화친을 반대하다 선양에 끌려가 죽임을 당한 홍익한, 윤집, 오달제 세 분을 함께 부르는 이름입니다. 조선 선비들은 죽음으로 절의를 지킨 세 분을 삼학사라 부르며 존경했답니다. 삼학사를 '병자삼학사', '척화삼학사'라고 부르기도 하지요.

'척화'가 무슨 뜻인지요?

척화는 오랑캐와의 화친을 반대한다는 뜻입니다. 병자호란 당시에 오랑캐와의 화친을 주장하는 사람들을 '주화파'라고 하고, 화친을 반대하는 사람들을 '척화파'라고 했어요. 대표적 주화파로는 최명길·이경석 공을, 척화파로는 김상헌·홍익한·윤집·오달제 공을 들 수 있지요.

홍익한 공은 어떤 분이셨나요?

홍익한 공은 성품이 지극히 효성스러웠고, 글도 잘 지으셨습니다. 홍 공께서 지은 글은 한 마디, 한 구절 모두 충성스러운 뜻에서 나온 것이었지요. 홍익한 공이 평생 지은 글이 매우 많았지만, 전쟁 중에 모두 없어져 버렸답니다. 다만 홍 공이 선양에 끌려가면서 아들에게 보낸 편지가 남아 있는데, "너희는 나를 생각지 말고 오직 너희 할머니와 어머니를 잘 모시고, 끝까지 몸을 잘 보호하여 조상의 제사가 끊이지 않도록 하라."는 내용이었지요. 안타까운 것은 홍 공이 선양으로 끌려가기 전에 그의 아들들은 이미 이 세상 사람이 아니었다는 점입니다. 병자호란 중에 강화도가 함락되었을 때 홍 공의 큰아들, 작은아들은 물론이고 그의 아내, 큰며느리까지 모두 적의 손에 죽었답니다. 홍 공은 아내와 자식들이 죽은 것도 모르고 아들에게 편지를 남겼으니, 안타까움을 말로 할 수가 없습니다.

윤집 공은 어떤 분이셨습니까?

윤집 공은 성품이 맑고 곧으며 총명했지요. 한번 눈에 스친 것은 모두 기억했다고 합니다. 부모님에 대한 효도와 형제간의 우애를 우선으로 삼았고, 해진 옷에 거친 밥을 먹어도 부끄럽게 여기지 않았답니다. 윤집 공께서 남긴 글이 공의 옷 속에 있었는데, 공이 돌아가실 때 오랑캐들이 빼앗았기에 전하지 않습니다. 다만 공이 임금께 올린 상소에, "우리가 먼저 오랑캐에게 화친을 청하면 오랑캐가 우리를 더욱 가벼이 보고 화친을 하지 않을 것입니다. 오직 한마음으로 싸워 지켜서 저들에게 우리의 능력이 있음을 보인 다음이라야 화친을 논의할 수 있습니다."라고 했습니다. 윤 공께서는 오랑캐와의 진정한 화친을 위해서는 먼저 싸워 지켜서 나라의 힘을 보여야 한다고 생각하셨던 것입니다.

오달제 공은 어떤 분이셨는지요?

남구만입니다. 제가 말씀드리겠습니다. 오달제 공은 저의 고모부이십니다. 고모부께서는 오랑캐에 맞서 스스로 의리를 지키셨고, 죽음에 임하여 절개를 굽히지 않으셨습니다. 아버지께 들으니 고모부께서는 평소 "사람들이 지조를 잃는 까닭은 삶을 아끼고 죽음을 두려워하기 때문이다. 사람은 자신이 해야 할 일을 할 뿐 이로움과 해로움, 죽음과 삶을 비교하고 계산해서는 안 된다. 군자가 도를 지킬 때는 죽고 사는 것은 처음부터 논할 바가 아니다."라고 말씀하셨습니다. 또한 "사람이 죽어야 할 상황에 처했을 때 만약 처음에 결단하지 못하고 뒷날을 기다리겠다는 마음을 품으면, 뒷날에 이르러 또 뒷날을 기다리려는 마음이 생겨 끝내 구차하게 살게 되니 이를 경계해야 한다."고도 말씀하셨답니다. 고모부께서는 평소 이런 생각을 품고 계셨기에 오랑캐 앞에서 죽음을 두려워하지 않았던 것입니다.

세 분이 오랑캐의 손에 억울한 죽임을 당한 것을 말씀하시다 송시열 공과 남구만 공 모두 눈시울을 붉혔다. 죽음을 두려워하지 않고 강직하게 나라를 지켰던 그들의 절개와 충정이 조선 사람들에게 '삼학사'라는 이름으로 오래오래 기억되며 사랑받았음을 확인할 수 있었다.

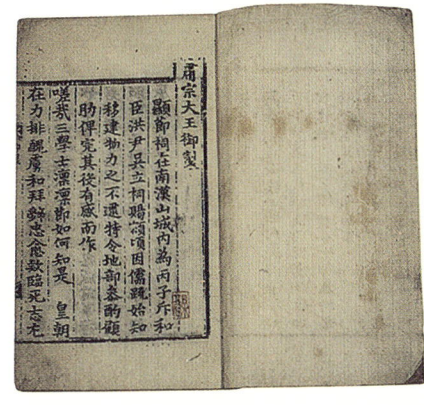

《삼학사전》 송시열이 지은 삼학사 전기로, 삼학사 세 사람의 행적과 언행을 기록했다. 조선 후기의 손꼽히는 전기 작품으로, 삼학사가 조선의 대표적인 충신으로 존경받는 데 큰 역할을 했다.

이경석

1009자의 굴욕, 삼전도비문을 짓다

어찌 차마 세자 저하를

1637년 1월 26일.

  온종일 안개가 짙게 내려앉았다.

  적들의 대포 탄환에 맞아 남한산성 성가퀴가 모두 무너졌다. 군사들이 곡식을 담았던 빈 가마니 500자루를 가져다 흙을 담았다.

흙이 담긴 가마니로 성가퀴를 만들었다. 흙이 든 가마니에 물을 부어 두니 겨울 추위에 저절로 얼어 단단해졌다. 얼린 흙 가마니는 대포 탄환을 맞아도 피해가 적었다.

남한산성 안의 행궁에서는 날마다 인조와 신하들이 모여 난관을 어떻게 헤쳐 나갈지 궁리하고 또 궁리했다.

"전하! 오랑캐의 임금이 선양에 있다면 화친 문서만 보내면 되었지만, 지금은 오랑캐의 임금이 이미 조선에 와 있으니 전하께서 남한산성을 나와 항복해야 한다고 합니다."

최명길이 오랑캐 사신인 용골대의 말을 전했다. 힘없이 흔들리는 촛불이 최명길의 얼굴에 어른어른 그림자를 드리웠다.

"저들이 기필코 내게 성 밖으로 나오라는 것은 나를 잡아서 북쪽으로 데려가려는 계책이다. 그대들은 어찌 생각하는가?"

인조가 용골대를 맞이했던 신하들을 돌아보며 물었다. 작은 촛불 하나에 의지한 행궁 안처럼 신하들의 얼굴이 어둡기만 했다.

"절대로 아니 될 일입니다."

"전하께서 성을 나가시는 일은 있을 수 없습니다."

신하들 저마다 인조가 성 밖으로 나가는 것은 위험하다고 대답했다.

"혹시 저들이 전하 대신 세자 저하를 성에서 나오라고 한다면 어찌 대답해야 할까요?"

잠자코 있던 최명길이 천천히 물었다. 어른거리는 촛불에 잠깐잠깐 비치는 최명길의 얼굴에서 괴로움이 엿보였.

오랑캐들이 화친을 위해서 인조를 성 밖으로 나오라 하는데, 그들의 요구를 거절할 수는 없다. 그렇다고 인조가 성 밖으로 나갔다가는 오랑캐에게 끌려갈 수도 있다. 그래서 최명길은 인조 대신 소현 세자를 내보내자고 말하는 것이었다.

"세자는 병에 걸려 아프다고 하라."

인조가 난감한 얼굴로 대답했다. 한 나라의 임금이면서 동시에 아들을 적에게 보낼 수 없는 아버지의 얼굴에 고뇌가 스쳤다.

"……."

"……."

임금도 신하들도 서로 얼굴만 쳐다볼 뿐 그 어떤 말도 할 수 없었다.

오랑캐 사신들이 며칠간 남한산성의 성문 앞까지 와서 화친을 위해서는 임금이 나와야 한다고 요구했는데, 남한산성 안에 있던 사람들로서는 달리 방법이 없었다.

점점 사그라드는 촛불만이 춤추듯 일렁였다.

"전하, 제가 나가겠습니다."

임금도 신하들도 모두 소리 나는 곳을 바라보았다. 인조의 큰아들인 소현 세자가 입을 열었다.

"일이 너무나도 다급합니다. 제게는 봉림 대군, 인평 대군 같은 동생도 있고 아들도 있습니다. 설령 제가 적에게 가서 죽더라도 동생들과 제 아들이 이 나라를 지켜 나갈 것입니다. 무슨 한이 있겠습니까?"

소현 세자가 인조 앞에 엎드리며 말했다.

"어찌 너를……."

"……."

"……."

인조도 신하들도 얼른 입이 떨어지지 않았다. 차마 소현 세자를 성 밖으로 내보낼 수도 없지만, 소현 세자를 말리면 인조가 나가야 했다. 인조와 신하들은 이러지도 저러지도 못하고 서로의 눈을 피했다.

강화도는 함락되었고, 남한산성에는 식량이 얼마 남지 않았다. 날마다 내리는 눈과 겨울 추위에 군인들은 얼어 죽어 갔다. 남한산성은 사방으로 적에게 포위되었고, 명나라에서 보낸 군사들은 오랑캐와의 싸움에서 패하고 대부분 돌아갔다.

소현 세자가 적에게 가겠다고 나선 이후 한참이 지나도록 행궁에 모여 있던 누구도 입을 떼지 못했다. 오랑캐들이 인조를 성 밖으로 나오라고 하는 마당에, 누군가 나가야 한다면 임금보다는 세자를 내보내는 것이 낫겠다고 신하들은 생각했다.

그때였다.

"전하! 아니 되옵니다."

한쪽에서 우렁찬 목소리가 들려왔다. 부제학 이경석이 벌떡 일어나 소리치고 있었다. 최명길보다 열 살은 아래인 듯했는데 꽉 다문 입술과 짙은 눈썹, 깊은 눈이 다부져 보였다.

"전하, 남한산성이 비록 위태롭게 되었으나 여러 날의 식량이 아직 남아 있습니다. 우리가 뜻을 굳건히 하여 성을 지킨다면 하늘도 우리를 도울 것입니다. 만약 우리가 먼저 저들에게 세자 저하를 보내겠다고 하면, 저들은 한층 더 무리한 요구를 해 올 것입니다. 세자 저하를 저들에게 보내서는 절대 아니 되옵니다."

이경석이 단호한 어조로 말을 마쳤다.

"…… 일은 다급한데 달리 방법이 없다. 나인들 세자를 내보내는 것이 어찌 마음 내키는 일이겠는가? 어쩔 도리가 없어서 하려는 것이다."

인조가 한참을 머뭇거리다 잿빛 얼굴로 이경석을 바라보았다.

"비록 그러하나 어찌 차마 세자 저하를 내보내신단 말입니까? 성은 아직 무너지지 않았고, 군사들의 마음도 굳건합니다."

이경석이 다시 입을 열었다.

"어찌하여 이처럼 어리석단 말인가. 성가퀴가 이미 무너졌으니 저들이 사다리를 타고 성을 올라오면 어찌할 것인가?"

인조가 이경석을 나무랐다.

"아무리 그래도 견고히 성을 지키면서 사신을 보내 화친을 조정해 보면 괜찮을 것입니다."

이경석이 다시 아뢰었다.

"저들이 날로 더 심하게 성을 공격하는데 죽기만을 기다리자는 것인가? 저들의 요구를 들어주지 않다가 나라가 망하면 이 나라 백성들이 다 죽은 뒤에 무엇을 할 수 있겠는가?"

인조가 비통하게 말했다.

"이는 결코 안 되는 일입니다. 세자 저하를 내보내는 것은 우리 쪽에서 멸망을 자초하는 일입니다. 전하!"

이경석이 끝까지 인조에게 맞섰다.

"이 일이 옳다는 것이 아니다. 죽음을 기다리기보다는 차라리 뭐라도 해 보는 편이 낫다는 것이다."

인조가 다시 타일렀다.

"판윤 최명길은 참으로 경솔한 사람입니다. 어찌 차마 세자 저하를 내보내자고 한단 말입니까?"

이경석이 울면서 말했다.

"일찍 결단하시면 그래도 만에 하나 희망이 있습니다."

최명길이 얼음처럼 차갑게 말했다. 남한산성을 나오라는 오랑캐에게 인조가 나가든 소현 세자가 나가든 서둘러 답을 줘야만 했기 때문이다.

"막다른 길까지 왔으니 어찌하는가? 이미 저들은 봉림 대군과 인평 대군까지 인질로 잡고 있으니……."

말을 잇지 못하고 한참을 한숨만 내쉬던 인조가 마침내 입을 열었다.

"…… 내가 나가겠다."

인조가 어려운 결정을 내리고 무겁게 말했다.

"전하! 차마 하지 못할 일입니다. 전하께서 성을 나가신다니 무슨 말씀입니까? 저들은 교활한 오랑캐들입니다. 한번 성을 나갔다가 무슨 일을 당할지 모르옵니다."

"전하! 나가시겠다는 말씀을 거두어 주소서."

인조가 직접 오랑캐에게 항복하러 나가겠다는 말에 신하들이 통곡하며 말렸다.

"그대들이 말하지 않아도 내가 어찌 모르겠는가? 하지만 오랑캐들은 왕자들을 인질로 잡고 있고, 죄 없는 백성들을 죽이고 있다. 내가 혼자 살아남으면 무슨 면목으로 백성들을 다시 보겠는가?"

"전하! 흑흑."

"전하! 흐어억."

인조도 신하들도 서로 하염없이 눈물만 흘릴 뿐이었다. 행궁 안의 촛불은 조그마한 불씨로 겨우겨우 버티고 있었다.

이처럼 굴욕적인 화친이라니

1637년 1월 30일.

하늘에 구름이 가득하여 해가 보이지 않았다. 남한산성에 모여 있는 인조와 신하들에게도 희망이 보이지 않았다.

오랑캐의 장수 용골대가 오랑캐 임금의 요구 사항이 적힌 화친 문서를 가지고 남한산성 성문 앞까지 와서 기다리고 있었다.

"그대가 만약 잘못을 반성하고 청나라와 화친하고자 한다면, 명나라와의 관계는 완전히 끊고 그대의 큰아들을 인질로 보내라. 여러 신하도 아들이 있으면 아들을 인질로 보내고, 아들이 없으면 동생을 인질로 보내라."

최명길이 오랑캐 장수 용골대가 가지고 온 문서를 받아 와 소리 내어 읽었다.

"으음······."

듣고 있던 인조가 고통스러운 신음을 내며 눈을 감았다.

"만약 우리가 명나라를 공격하겠다고 하면, 그대들은 수만 명의 조선 군사를 모아 우리에게 보내라. 전쟁에 필요한 모든 비용도 그대들이 준비하라."

최명길은 오랑캐 임금의 요구 사항을 계속 읽어 내려 갔다.

"전하! 이것이 화친 문서란 말입니까?"

"전하! 으으흑!"

신하들 중에는 분노로 치를 떠는 사람이 있는가 하면, 복받쳐 통곡하는 사람도 있었다.

"그대는 이미 죽은 목

숨이었는데 내가 다시 살아나게 했으니, 그대는 나의 은혜에 보답하라. 해마다 황금 100냥, 은 1000냥, 표범 가죽 100장, 수달 가죽 400장, 베 1400포, 쌀 1만 포……."

"그만, 그만하라!"

오랑캐의 화친 문서를 읽어 가는 최명길을, 인조가 어금니를 깨물며 말렸다.

"해마다 얼마나 많은 황금과 쌀을 보내라는 것인가? 그 많은 쌀과 황금을 어디서 구한단 말인가?"

인조가 쓰디쓴 아픔을 뱉어 냈다.

남한산성을 나가기 위해 오랑캐와 화친을 하기로 약속했고, 화친을 위해서는 오랑캐의 요구를 들어줄 수밖에 없다는 것을 모두 알고 있었다.

그렇더라도 오랑캐는 조선에 지나치게 무리한 요구를 했다. 조선의 임금과 신하들은 오랑캐의 요구가 부당하다는 것을 알면서도 거절할 수 없는 상황이 처참했다.

"전하! 망극하옵니다."

"전하! 저희를 벌하소서."

행궁에 모인 신하들은 인조의 참담한 심정을 알기에 한목소리로 죄송한 마음을 담아 전할 뿐, 누구도 화친을 깨자고 할 수는 없었다.

그때 부제학 이경석이 인조 앞으로 나왔다.

"전하! 망극하옵니다. 전하께서 성을 나가셔야 한다니, 있을 수 없는 일이옵니다. 하오나 전하! 전하께서 이미 성을 나가시기로 정하셨다면 세자 저하는 성에 남겨 두셔야 합니다. 세자 저하까지 성을 나가신다면, 성안을 지킬 분이 안 계십니다."

이경석이 울면서 말을 이었다.

"전하께서 비록 성을 나가시더라도 세자 저하는 성안에 머무르

다가 저들이 기어이 세자 저하까지 나오라 하면 그때 세자 저하를 성 밖으로 내보내도 늦지 않을 것입니다."

이경석이 소현 세자만은 남한산성 안에 남게 해 달라고 간절히 아뢰었다.

"이미 저들이 세자 저하를 인질로 요구했습니다. 세자 저하도 함께 나가셔야 합니다."

최명길이 나서서 말했다.

"으윽!"

이경석이 분노의 신음을 뱉어 내며 최명길을 노려보았다.

이경석은 평소 최명길이 주장하는 오랑캐와의 화친에 찬성했다. 전쟁에 휘말려 고통받는 백성들을 위해 어서 전쟁을 끝내고 싶었다. 이경석은 명나라와의 의리 때문에 조선의 백성들이 고통받아서는 안 된다고 생각했다.

하지만 세자 저하의 일에 있어서만큼은 최명길과 뜻이 달랐다. 최명길은 오랑캐와의 화친을 위해서는 그들의 모든 요구를 들어주어야 한다는 입장이었다. 반면에 이경석은 오랑캐와 화친을 해야 한다는 것에는 찬성하지만, 무조건 오랑캐의 요구를 들어줘서는 안 된다고 생각했다.

"그대들은 그만하라. 내가 이미 성을 나가기로 했고, 세자도 함께 갈 것이다."

"전하!"

이경석도 더는 말을 잇지 못했다.

"그래서 어찌하라던가?"

인조가 최명길을 바라보며 물었다.

"저들이 이미 삼전도에 흙을 높게 쌓아 항복을 위한 단을 만들어 놓았다고 합니다."

최명길이 대답했다. 최명길의 입에서 한 마디 한 마디 뱉어져 나올 때마다 인조와 신하들은 처절하게 절망했다.

"전하, 망극하게도…… 곤룡포를 벗고 푸른 옷으로 갈아입고 나와야 한다고 합니다."

"곤룡포를 벗으라? 저들이 조선 왕의 옷까지 벗으라 하던가?"

인조는 오히려 담담히 말하는데, 최명길의 말을 듣고 있던 신하들이 여기저기서 울음을 터뜨렸다.

"남한산성을 나갈 때는 정문인 남문이 아니라, 옆문인 서문으로 나와야 한다고 합니다. 죄인은 정문을 통해 나올 수 없다고……. 전하! 망극하옵니다."

오랑캐의 말을 전하던 최명길이 엎드려 통곡했다.

"계속하라!"

"삼전도에 가실 때는 50여 명의 사람만 데리고 갈 수 있으며, 삼전도에 도착해서는 오랑캐 임금에게 세 번 절하고 아홉 번 머리를 조아리는 예를 올려야 한다고 합니다."

최명길이 눈물을 흘리며 다시 말을 이었다.

"으음! 세 번 절하고 아홉 번 머리를 조아리라니……."

"전하!"

"전하!"

인조도 신하들도 참혹한 상황에 어찌할 바를 몰랐다.

"전하! 저들이 재촉하고 있습니다."

밖에서 달려 들어온 신하가 급하게 말했다. 남한산성 성문 앞에서 용골대가 임금에게 나오라고 재촉하고 있다는 것이었다.

인조는 곤룡포를 벗고 평민이 입는 푸른색 옷으로 갈아입었으며, 항복을 상징하는 흰 말을 타고 정문이 아닌 옆문을 통해 남한산성을 나갔다. 오랑캐에게 인질로 잡혀가야 하는 소현 세자도 아버지의 뒤를 따랐다. 남한산성에 피신한 지 47일 만이었다.

인조를 따라가지 못하고 남한산성에 남은 사람들은 가슴을 치고 벌떡벌떡 뛰면서 통곡했다. 주저앉아 우는 사람도 있었고, 서로 부둥켜안고 우는 사람도 있었다. 그 사람들 속에 이경석도 있었다.

'내가 바라던 화친은 이처럼 굴욕적인 화친이 아니었는데…….'

이경석은 오랑캐에게 항복하러 성을 나서는 임금을 보며 찢어지는 가슴을 부여잡았다.

글을 배우지 않았더라면

1637년 11월 25일.

"전하! 삼전도비문을 지으라는 명령을 거두어 주소서. 저는 문장을 잘 짓지 못하옵니다. 제가 문장을 잘 짓지 못한다는 것은 모든 신하가 알고 있습니다. 바라건대 잘하지도 못하는 일을 억지로 하게 하지 마소서."

이경석이 인조에게 삼전도비문을 지을 수 없다고 사양하며 말했다.

"저들이 지금 삼전도비문으로 우리를 시험하려 하니, 우리 조선이 무사하냐 망하느냐가 이 비문에 달려 있다. 오늘 그대가 할 일은 다만 글로써 저들의 뜻에 맞게 하여, 저들이 다시 전쟁을 일으키지 않도록 하는 것이다. 그대는 사양하지 말고 어서 글을 지어 올리라."

인조가 끝내 이경석에게 삼전도비문을 지으라고 간곡히 부탁했다. 인조의 간곡한 뜻에 눌려 이경석이 더는 사양하지 못하고 마지못해 물러났다.

지난 1월 30일, 인조는 삼전도라는 나루에서 오랑캐 임금에게 세 번 절하고 아홉 번 머리를 조아리며 항복했다. 이를 두고 사람들은 '삼전도의 굴욕'이라고 했다.

삼전도에서 조선 임금에게 항복을 받아 낸 오랑캐들은 수많은 조선 사람을 인질로 끌고 북쪽으로 물러갔으며, 굴욕을 참아 낸 인조는 한양의 궁궐로 돌아왔다.

조선의 임금과 신하들은 한양의 궁궐로 돌아와 전쟁으로 황폐해진 나라를 다시 일으키기 위해 온 힘을 쏟았다. 특히 이경석이 앞장서서 나라의 힘을 키우기 위해 노력했다. 이경석은 나라 힘의 바탕이 되는 훌륭한 인재를 뽑으려 애썼고, 오랑캐에게 인질로 끌려간 백성들을 구해 오기 위해 안간힘을 다했다.

그러는 사이 삼전도의 굴욕 이후 열 달 정도의 시간이 흘렀다. 어느 날, 오랑캐 임금은 인조에게 삼전도에 청나라의 승리를 기념하는 비석인 '삼전도비'를 세우라고 요구해 왔다. 심지어 오랑캐 임금을 찬양하는 비석의 글까지 조선 사람이 지어 올려야 한다고 했다. 삼전도비에 새길 글을 '삼전도비문'이라고 한다.

삼전도에서 오랑캐는 승리했지만, 인조는 세 번 절하고 아홉 번 머리를 조아리는 굴욕을 당했다. 굴욕을 당한 나라의 임금이 승리를 축하하는 기념비를 세운다는 것은 말이 되지 않는 일이었다. 하지만 오랑캐와 조선은 이미 임금과 신하의 관계를 약속했고, 조선은 오랑캐의 요구를 거절할 만큼 힘이 강하지 못했다.

힘없이 조정에서 물러난 이경석은 집에 들어서자마자 종이를 펴고 붓을 들었다. 삼전도비문을 쓰지 않으면 그만이지만, 쓰려면 빨리 써야 했다. 오랑캐의 재촉이 다급해서 하루라도 더디게 할 수 없었다.

'이 일을 어찌할꼬?'

붓을 든 채로 책상 위에 펼쳐진 종이만 바라보며 이경석은 긴 한숨을 쉬었다.

이경석이 굴욕적인 문서에 단 한 글자도 쓰지 못하고 괴로워하고 있을 때였다.

"백헌! 집에 있는가?"

형 이경직이 이경석의 집으로 들어서고 있었다. 백헌은 이경석을 달리 부르는 이름이다.

"형님 오셨습니까? 들어오십시오."

이경석이 이경직을 맞이했다. 이경직은 사십이 갓 넘은 이경석보다 스무 살은 많아 보였다. 이경직은 외모가 반듯하고 심지가 곧은 선비의 모습이었다.

"무엇을 하고 계신가?"

형 이경직이 책상 위에 펼쳐진 종이를 보며 동생 이경석에게 물었다.

"삼전도비문을 쓰려 합니다."

"나도 대강 듣고 오는 길이네. 으흠…… 승리를 기념하는 삼전도비의 비문을 항복한 우리가 써야 하다니……."

이경직이 참담한 표정으로 입술을 앙다물었다.

"쓰지 않을 수도 없고, 쓸 수도 없습니다."

이경석이 난처한 얼굴로 이경직을 바라보았다.

"……."

이경직도 난감한 얼굴로 책상 위에 펼쳐진 종이와 동생의 얼굴을 번갈아 보았다.

"남한산성에서 나오던 날 백성들의 처참했던 모습을 기억하십니까? 오랑캐에게 끌려가는 수많은 사람들의 울음소리, 가족을 잃고 나라를 원망하던 백성들의 울부짖음이 아직도 귓가에 울립니다. 그런데 어떻게 제가 저들의 승리를 축하하는 비문을 지을 수 있겠습니까?"

"……."

동생 이경석의 한탄에 이경직은 어떤 말도 할 수 없었다.

"형님, 어찌해야 한단 말입니까?"

"…… 달리 방법이 없지 않은가?"

이경석의 질문에 이경직이 한참 만에 겨우 입을 떼어 대답했다.

"요즘 줄곧 드는 생각이 있습니다. 오랑캐와 화친을 한 것이 잘한 일일까요?"

이경석이 고뇌에 찬 눈빛으로 형을 바라보며 물었다.

"자네는 오랑캐와의 화친을 찬성하지 않았는가?"

"맞습니다. 찬성했습니다. 화친을 반대하는 사람들이 답답했습니다. 힘도 없으면서 오랑캐와 맞서 싸우자는 그들의 주장이 틀렸다고 생각했습니다. 그런데 화친의 결과가 참으로 참혹합니다. 우리 전하께서는 삼전도의 굴욕을 당하셨고, 우리 백성들은 죄 없이 인질이 되어 오랑캐에게 끌려갔습니다. 화친을 반대했던 삼학사는 선양에 끌려가 죽었고요……."

화친을 반대하다 죽은 삼학사를 생각하니 이경석의 눈시울이 뜨거워졌다. 이경석은 잠깐 숨을 고르고 다시 말을 이었다.

　　"해마다 저들에게 바쳐야 하는 황금과 쌀은 얼마입니까? 게다가 이번에는 삼전도에 비석을 세우겠다고 비문을 쓰라니요? 저들의 요구가 한도 끝도 없습니다."

　　이경석이 분노로 복받치는 설움을 참아 내며 말했다.

　　"화친하지 않았으면, 저들과 맞설 힘은 있었고?"

　　"……."

　　이경직의 질문에 이경석이 대답하지 못했다.

　　"나라가 힘이 없는 것이 죄였네. 미리 나라의 힘을 키우자고 전하께 간청하지 못했던 것이 신하된 우리의 죄라네. 그보다 저들이 조선에 쳐들어올 것을 생각지도 못했던 것이 우리의 더 큰 잘못이었네."

　　이경직이 힘없는 목소리로 천천히 말했다.

　　"……."

　　이경석은 형의 말에 대꾸할 수 없었다. 나라의 힘이 없어 침략을 당한 것도 맞는 말이고, 나라의 힘이 없어 화친을 맺을 수밖에 없었다는 것도 맞는 말이었다. 그 모든 것이 임금을 제대로 모시지 못한 조선 신하들의 잘못이라는 것도 사실이었다.

"……."

"……."

형과 동생은 이러지도 저러지도 못하는 답답한 가슴으로 서로 말없이 앉아 있었다.

한참을 말이 없던 이경석이 갑자기 형의 눈을 바라보며 말했다.

"형님, 제게 글을 왜 가르치셨습니까? 글공부를 한 것이 원망스럽습니다. 차라리 글을 배우지 않았더라면 이런 치욕적인 글을 제 손으로 쓰지 않아도 되었을 텐데요……."

이경석이 마침내 울음을 터뜨렸다.

"삼전도비문을 짓게 되면 삼전도비에 제 이름이 남을 것입니다. 굴욕적인 삼전도비문을 지은 이경석. 이경석이라는 못난 이름은 자손만대까지 삼전도비문을 지었다는 멍에를 뒤집어쓴 채로 전해지겠지요. 저뿐 아니라 우리 가문에도 두고두고 부끄러움이 될 것입니다. 차라리 제가 부끄러운 마음을 안고 물에 빠져 죽어 버리고만 싶습니다. 흑흑."

"백헌, 참으시게. 전하를 생각하고 이 나라 조선을 위해서 참아야 하네."

이경직이 이경석을 달래며 두 형제는 한참이나 같이 울었다.

이경직이 돌아가고 이경석은 어쩔 수 없이 붓을 들었다. 한 글자를 적으면 백성들의 통곡 소리가 들렸고, 또 한 글자를 적으면 세 번 절하고 아홉 번 머리를 조아렸던 임금의 모습이 떠올랐다. 다시 한 글자를 적으면 포로가 되어 오랑캐에게 끌려가던 사람들의 모습이 기억났고, 거듭 한 글자를 적으면 선양에서 죽어 간 삼학사가 생각났다.

이경석은 한 글자 한 글자를 피눈물을 쏟아 내며 억지로 써 내려갔다. 이경석이 종이에 한 글자 한 글자 피를 토하는 심정으로 써 내려간 삼전도비문은 모두 1009자였다.

"흐흑!"

붓을 놓는 이경석의 손이 떨렸다.

삼전도비문을 하룻밤 만에 완성한 이경석의 얼굴은 고통스러운 십 년의 세월을 보낸 것처럼 초췌했다.

이경석

나라와 임금을 위해 치욕을 감내하다

이경석 공은 인조, 효종, 현종까지 3대 임금을 모시면서 50년간 나라의 중요한 일을 맡았던 조선의 명재상으로, 1595년에 태어나 1671년에 돌아가셨다.
기자는 이경석 공의 손자인 이하성 공의 집을 찾아갔다. 이하성 공은 기자를 반갑게 맞아 주었다.

이경석 공은 어떤 분이셨나요?

저희 할아버지께서는 조정에서 50년 동안 벼슬하시면서 일찍이 한 번도 다른 사람과 다툰 일이 없었습니다. 평소 가족들에게도 다른 사람의 장점이나 단점을 말씀하신 적이 단 한 번도 없으셨습니다. 그런데 억울한 일을 당하고 보니 참을 수가 없습니다.

억울한 일이라면, 무슨 일인지요?

할아버지께서 삼전도비문을 지은 일을 두고 할아버지에 대해 나쁜 말을 하는 사람들이 있습니다. 할아버지께서도 오랑캐 황제를 찬양하는 삼전도비문을 짓고 싶으셨겠습니까? 할아버지께서는 나라를 위해 어찌할 수 없어서 삼전도비문을 지으셨던 것인데, 그 일을 두고 할아버지를 비난해서는 안 되는 것이지요.

삼전도비문을 지을 때의 상황을 들으셨는지요?

네, 잘 알고 있습니다. 청나라에서 우리 임금께 삼전도비를 세우고 삼전도비문을 지어 올리라고 요구하자, 임금께서 삼전도비문 지을 사람을 찾으셨답니다. 하지만 조선의 신하 중에서 삼전도비문을 지으려는 사람은 한 사람도 없었어요. 삼전도비문을 짓는 것이 치욕이 될 것을 누구나 알고 있었으니까요. 삼전도비문을 지으라는 명을 받기만 하면 누구나 거절하기 바빴답니다.

모두가 삼전도비문을 짓기 싫어했다면, 이경석 공은 왜 삼전도비문을 지으셨나요?

할아버지께서도 글을 올려 끝까지 사양하셨습니다. 하지만 청나라에서 삼전도비문을 지어 올리라 재촉하는데 신하들은 모두 짓기 싫다고 하니 인조 대왕께서 장유 공, 이경전 공, 조희일 공 그리고 우리 할아버지 이렇게 네 사람에게 삼전도비문을 지으라 명령하셨답니다. 이경전 공은 병 때문에 짓지 못했고, 장유 공과 조희일 공 그리고 우리 할아버지 세 분이 마지못해 삼전도비문을 짓게 된 거였지요.

장유·조희일·이경석 공 세 분이나 같이 글을 지으셨다면, 이경석 공께서 삼전도비문을 혼자 지으신 게 아닌가요?

조희일 공은 일부러 글을 엉망으로 써서 뽑히지 않았답니다. 인조 대왕께서는 장유 공과 우리 할아버지의 글 두 편을 청나라로 보냈는데, 청나라에서 우리 할아버지의 글을 골라 삼전도비에 새기라 했던 거고요. 더구나 청나라에서는 우리 할아버지가 지으신 삼전도비의 글에 청나라 황제에 대한 찬양의 내용이 없으니 찬양하는 말을 더 많이 넣으라고 요청했답니다.

이경석 공께서도 어쩔 수 없이 삼전도비문을 쓰셨던 것이군요?

그렇습니다. 인조 대왕께서 우리 할아버지를 불러 말씀하시기를, "오랑캐가 삼전도비문으로 우리나라를 시험하려 하니, 청나라의 마음에 맞도록 글을 고쳐 쓰라." 하고 명령하셨답니다. 그래서 우리 할아버지께서는 욕됨을 꾹 참고 임금의 명령을 받들었던 것입니다. 그때 우리 할아버지께서 끝까지 삼전도비문을 짓지 않으셨다면, 인조 대왕께서는 오랑캐에게 모진 협박과 위협을 받으셨을 것입니다. 그 일로 나라가 위태로워질 수도 있었고요.

그렇다면 사람들은 왜 이경석 공을 비난하는 거지요?

삼전도비문을 지어 치욕스러움을 남겼다는 것이지요. 삼전도비문에 오랑캐 황제를 찬양하는 내용을 썼다는 것이지요. 저들은 이런저런 핑계를 대며 삼전도비문 짓기를 거절했던 사람들과 비교하면서 우리 할아버지를 비난하고 있습니다. 하지만 한 나라의 높은 벼슬을 지내던 신하가 제 이름을 깨끗하게 남기기 위해 어려움에 처한 임금과 나라를 모른 척 해야 옳단 말입니까?

할아버지께서는 삼전도비문을 짓는 일이 아주 먼 훗날까지 할아버지와 우리 가문에 치욕이 될 것을 아셨습니다. 그래도 할아버지께서는 나라와 임금을 위해서 스스로 치욕스러운 일을 선택하셨던 것입니다. 우리 할아버지, 백헌 이경석 공의 나라에 대한 충성심은 몇 백 년 뒤에도 증명할 수 있는 일입니다.

기자는 긴 밤을 지새우며 이하성 공의 이야기를 끝까지 들었다. 새벽녘 인터뷰를 마치고 이하성 공의 집을 나서는 기자의 마음속에는 "백헌 이경석 공의 나라에 대한 충성심은 몇 백 년 뒤에도 증명할 수 있는 일입니다."라는 이하성 공의 말씀이 단단히 새겨졌다.

삼전도비 인조의 항복을 받은 청 태종이 자신의 공덕을 기리기 위해 세운 기념비로, 서울 송파구 석촌 호수 근처에 있다. 앞면 왼쪽에는 몽골문자, 오른쪽에는 만주문자, 뒷면에는 한자가 새겨져 있다.

김상헌

명분을 잃으면 모든 것을 잃는다

망하더라도 무엇이 부끄러우랴

1637년 1월 18일.

바람이 불고 눈이 내렸다. 낮인데도 온 세상이 어두컴컴했다.

"대감! 대감! 집에 계시오?"

"어서 오십시오."

급히 들어오는 이조 참판 정온을 김상헌이 반갑게 맞이했다. 정온은 유난히 흰 얼굴에 하얀 수염을 단정히 드리우고 있었다. 나이는 김상헌과 비슷했는데, 얇고 짙은 입술과 꼿꼿한 콧날의 인상이 꽤 깐깐해 보였다.

"전하께서 화친 문서를 쓰라고 허락하셨답니다."

정온이 김상헌의 방으로 들어서며 급히 말했다.

"화친 문서를 허락하다니요?"

김상헌이 화들짝 놀라며 물었다.

"어제 용골대가 성문 앞으로 와서 오랑캐 임금의 서신을 주고 갔는데, 그 글이 매우 음흉했답니다. 우리 전하께 성문을 나와 항복하라고 적혀 있었다지요. 그런데 오늘 최명길이 그에 대한 답신을 쓰고 있답니다. 대감, 이 일을 어찌해야 한단 말입니까?"

김상헌과 마주 앉은 정온이 불같이 화를 내며 쏟아 냈다.

"우리 전하께서 성문을 나가 항복하다니요? 있을 수 없는 일이지요. 설사 죽는 한이 있더라도 오랑캐에게 머리를 조아릴 수는 없지요! 암! 없고말고요! 가서 봅시다."

김상헌이 자리를 박차고 일어서며 말했다. 김상헌의 불끈 쥔 주먹이 부르르 떨렸다.

김상헌은 한걸음에 내달려 최명길이 있는 곳으로 갔다. 김상헌이 도착했을 때, 최명길은 막 화친 문서를 완성하던 참이었다.

"얼마나 대단한 글을 썼는지 한번 봅시다."

김상헌은 최명길에게 화친 문서를 보여 달라 했고, 화친 문서를 받아 반쯤 읽어 내려가던 중 문서를 벅벅 찢어 버렸다.

김상헌은 통곡하고 그길로 내달려 인조에게로 갔다. 인조 곁에는 소현 세자가 앉아 있었다.

"전하……."

인조를 만난 김상헌은 말을 잇지 못하고 눈물만 줄줄 흘렸다. 인조도 소현 세자도 울고 있는 김상헌을 그저 바라만 보았다.

한참 울던 김상헌이 겨우 마음을 진정시키고 입을 열었다.

"전하! 최명길이 작성한 화친 문서를 소신이 찢어 버리고 왔습니다. 저를 벌주시고 다시 깊이 생각하소서. 우리가 오랑캐에게 낮은 자세로 화친을 구걸하면, 저들은 더 심한 요구를 해 올 것입니다. 하나를 주면 둘을 더 달라고 하겠지요. 셋을 주면 넷을 달라고 할 것입니다.

우리가 화친을 하자고 하면 저들은 전하께 성문을 나오라 할 것이며, 전하께서 성문을 나가시면 저들은 전하를 북쪽으로 끌고 가려 할 것입니다."

　김상헌이 잠시 거친 숨을 고르고 말을 이었다.

　"전하! 조선은 명분으로 세워진 나라입니다. 지켜야 할 도리인 명분을 잃는다면 모든 것을 잃는 것입니다. 명나라와의 300년 의리를 배신하고 오랑캐와 화친을 한다면 천하에 부끄러움이 될 것입니다. 전하! 오랑캐와의 화친을 그만두소서."

　"…… 어찌할 수 없어서 저들과 화친을 하려는 것이오."

　인조가 긴 한숨을 섞어 말했다.

　"전하! 임진년의 일을 잊으셨습니까?"

　김상헌은 임진년을 힘주어 말했다. 1592년 임진년에 일본이 조선을 침략했는데, 임진년에 왜나라인 일본이 일으킨 전쟁이라 하여 이를 '임진왜란'이라 부른다.
갑자기 벌어진 전쟁에 조선은 당황했고, 그때 명나라에서

구원병을 보내 조선을 도와주었다.

"왜적들이 쳐들어와 조선을 불바다로 만들었을 때 우리를 도와준 나라가 어디입니까? 명나라에서 군사들을 보내어 조선을 물구덩이와 불구덩이에서 구해 주었습니다. 그 고마움을 잊으셔서는 아니 되옵니다."

"……."

"전하! 의리는 목숨과도 같은 것이옵니다. 의리를 저버릴 수는 없습니다."

"의리도 중요하나 당장 적들이 칼을 겨누고 있지 않은가?"

"하오나 전하! 한 번 저들의 요구를 들어주기 시작하면, 뒤에는 저들이 하자는 대로 하게 될 것입니다. 우리가 싸울 준비가 되어 있다는 것을 보인 뒤에 화친을 하더라도 늦지 않습니다."

김상헌이 온 마음을 담아 간절히 말했다.

"화친을 그만두면 싸워 이길 수는 있는가?"

인조가 김상헌을 바라보며 물었다.

"그래도 맞서 싸워야 합니다. 성을 굳게 지키면서 식량이 다 떨어지도록 버티면 벗어날 길이 생길 것입니다. 하늘이 우리를 저버리지 않을 것입니다."

김상헌이 눈물로 호소했다.

"전하! 천하에 망하지 않는 나라는 없습니다. 임금과 신하가 함께 지켜 뜻을 굳건히 한다면, 비록 망하더라도 무엇이 부끄럽겠습니까?"

"……."

인조는 어떤 대꾸도 하지 않았다.

"흐어억, 흐어억."

김상헌과 인조의 대화를 말없이 듣고 있던 소현 세자가 목놓아 울었다. 소현 세자의 처절한 울음소리가 문밖까지 퍼져 나갔다.

김상헌이 아무리 반대를 해도 오랑캐와 화친하자는 큰 흐름을 바꿀 수는 없었다. 성안 사람들은 지쳤고 식량은 떨어졌으며, 오랑캐의 공격은 나날이 심해졌다. 성안 사람들은 점차 오랑캐와 화친하고 전쟁을 끝내기를 희망했다.

나를 죽게 놔두게

1637년 1월 27일.

성안에 안개가 자욱했다. 인조가 남한산성으로 피신한 지 40여 일이 지났을 때였다. 오랑캐들은 남한산성을 겹으로 에워쌌고, 남한산성에 피난해 있던 사람들은 나날이 공포에 질려 갔다. 인조는 마침내 남한산성을 나가 오랑캐에게 항복하기로 결정했다.

인조가 오랑캐에게 항복하기로 결정한 날, 김상헌은 스스로 죽기를 결심했다. 부끄럽고 욕됨을 죽음보다 더 두렵게 여겼던 김상헌에게, 임금이 오랑캐에게 항복한다는 것은 참을 수 없는 고통이었다.

"절대 방에 들어와서는 안 된다. 너희는 여기서 기다리다가 내가 죽거든 시신을 거두어라."

"아버지! 흐흑."

"작은아버님! 흑흑."

"울지 마라. 내가 원해서 하는 일이다. 너희가 말려도 소용없으니 기다려라."

김상헌은 아들인 김광찬과 조카인 김광현에게 하얀 상복을 입혀 밖에 세워 두고 방으로 들어갔다. 김상헌의 손에는 누런 노끈이 들려 있었다.

김상헌이 쓰고 있는 방은 초라하기 짝이 없었다. 남한산성으로 피신해 임시로 머물고 있는 방으로, 텅 빈방에 덩그러니 책상 하나 놓여 있었다.

김상헌은 노끈을 묶어 매달 곳을 찾았다. 김상헌의 눈에 천장 대들보가 들어왔다.

'여기가 내가 죽을 곳이로구나……'

김상헌은 무덤덤한 얼굴로 책상을 딛고 올라가 대들보를 만져 보았다. 굵은 나무에서 전해 오는 묵직함이 느껴졌다. 김상헌은 대들보에 노끈을 묶어 동그란 고리를 만들었다. 동그란 고리를 당겨 보며 노끈이 단단히 묶였는지도 확인했다.

김상헌은 노끈을 잠시 놔두고 책상에서 바닥으로 내려섰다.

"미안하구나. 울지 마라."

김상헌은 문밖에 서서 울고 있는 아들과 조카를 향해 작은 소리로 말했다. 문밖을 바라보던 김상헌이 입술을 앙다물었다.

"흐흠."

김상헌이 마른침을 삼키고 옷매무새를 가다듬었다. 가운데 놓였던 책상을 옆으로 치우고, 임금이 계신 북쪽 벽을 향해 조용히 절을 올렸다.

"전하! 부디 귀하신 몸을 보전하시옵소서. 소신은 먼저 가오나 이 나라의 종묘사직을 굳건히 지켜 주시옵소서. 흐흑, 흐흑!"

김상헌은 임금에게 마지막 인사를 올리고 나서 한참을 흐느껴 울었다.

김상헌은 눈물을 닦고 다시 책상을 노끈이 묶인 대들보 아래로 옮겼다. 노끈이 묶인 대들보 밑에 책상이 바로 놓여 있는지 확인하고, 김상헌은 책상 위로 올라섰다.

책상 위에 서서 노끈을 두 손으로 잡았다. 김상헌의 눈에는 노끈이 만든 동그라미만 보였다.

"이 나라를 부디 보전하소서."

김상헌은 동그랗게 묶여 있는 노끈을 두 손으로 잡고 그 안에 얼굴을 천천히 들이밀었다. 노끈은 팽팽히 당겨졌고, 노끈을 잡고 있는 김상헌의 손에는 힘이 들어갔다. 김상헌은 천천히 발끝을 들어 몸을 받치고 있는 책상을 밀어냈다. 그때였다.

"대감, 이것이 무슨 짓입니까?"

병조 참지 벼슬을 하고 있는 나만갑이 김상헌의 방문을 열어젖히고 들어섰다. 노끈에 매달려 있는 김상헌은 얼굴에 핏기가 하나도 없어 거의 죽은 사람이었다.

"대감, 대감!"

나만갑이 다급하게 소리치며 김상헌을 끌어안았다. 나만갑은 낡은 책상 위에 올라서서 한 손으로는 김상헌의 몸을 안고 한 손으로는 김상헌의 목에 감긴 노끈을 벗겨 냈다. 일흔이 넘은 김상헌이 마흔을 갓 넘긴 나만갑을 힘으로는 당해 낼 수 없었다. 김상헌은 나만갑에게 안긴 채 책상 아래로 내려섰다.

"나를 죽게 놔두게."

겨우 정신을 차린 김상헌이 애잔한 눈빛으로 나만갑에게 부탁했다. 김상헌은 살고 싶은 마음이 전혀 없어 보였다.

"죽다니요? 대감께서 강건하게 살아 이 나라를 지키셔야지요."

나만갑이 김상헌을 바닥에 뉘며 말했다.

"살아 무엇 하겠는가? 우리 전하께서 오랑캐에게 항복하는 굴욕을 당하실 터인데 신하된 도리로 막아 내지도 못하고, 300년 간 이어 온 명나라와의 의리를 지켜 내지도 못했으니 죽어 마땅하네."

"살아야 신하된 도리도 할 수 있고, 살아야 의리도 지킬 수 있습니다."

나만갑이 진심을 다해 김상헌을 설득했으나, 죽기로 결심한 김상헌에게는 나만갑의 말이 들리지 않았다.

"잠시만 계십시오. 저 보기 싫은 끈부터 풀어야겠습니다."

나만갑은 김상헌을 뉘어 놓고 책상 위로 올라가 묶인 노끈을 풀었다.

나만갑이 대들보에 묶인 노끈을 풀고 있는 사이에 김상헌은 방 안 여기저기를 두리번거렸다. 빈방에는 실오라기 하나 보이지 않았다.

김상헌이 끈 찾기를 포기하고 바로 누우려는데 눈에 무언가가 번뜩 들어왔다. 길이로 보나 단단함으로 보나 자신의 허리에 매여 있는 가죽 허리띠라면 노끈을 대신할 수 있었다.

김상헌은 소리 없이 허리띠를 풀어내 재빠르게 목에 감았다.

"대감, 이러시면 안 됩니다."

나만갑이 풀어낸 노끈을 내던지고 다급하게 김상헌에게 달려들었다. 그러고는 한 손으로 김상헌의 가슴팍을 누르고 다른 손으로 김상헌의 목에 감긴 허리띠를 풀어 멀리 던져 버렸다.

"밖에서 뭣들 하는가? 어서 들어와서 말려야지!"

　나만갑이 밖에 서 있는 김상헌의 아들과 조카를 불러들였다.

　상복을 입고 울며 서 있던 아들 김광찬과 조카 김광현이 방으로 뛰어 들어왔다.

"무엇들 하는가?"

　나만갑이 두 눈을 부릅뜨고 성난 얼굴로 두 사람을 나무랐다.

"말려도 소용없습니다. 아버님께서 죽기로 결심하시고 저희에게는 들어오지 말라고 하셨습니다."

　김상헌의 아들이 기어들어 가는 목소리로 울면서 대답했다.

"그래도 말렸어야지! 방에 있는 끈이란 끈은 다 치우고 대감의 두 팔을 붙잡고서라도 말렸어야지. 뭣들 하고 있는가? 어서 대감의 두 팔을 양쪽에서 잡으시게."

　나만갑이 시키는 대로 김상헌의 아들과 조카가 김상헌의 팔을 하나씩 붙잡았다. 김상헌은 허리띠도 빼앗기고 두 손도 붙들려 아무것도 할 수 없게 되었다.

"원통하네. 우리 조선은 명분으로 세워진 나라네. 명분을 잃는 것은 모든 것을 잃는 것이네……. 흑흑. 나를 죽게 놔두시게."

김상헌이 나만갑을 보며 피를 토하는 심정으로 말했다.

"명나라에 대한 의리, 나라의 명분! 중요하지요. 그래서 대감이 살아야 합니다. 살아서 이 나라를 지켜 내셔야 합니다. 대감이 아니면 누가 이 나라를 지키겠습니까?"

나만갑이 김상헌의 짓무른 눈을 똑바로 바라보며 말했다.

오랑캐와 화친이라니

1640년 12월 19일.

인조가 남한산성을 나와 항복한 이후 소현 세자는 오랑캐의 포로가 되어 선양으로 끌려갔고, 전쟁은 끝났다. 그 후 폐허가 되었던 조선은 조금씩 회복되고 있었다.

남한산성에 있던 조정의 신하들은 모두 한양으로 돌아가서 인조를 도와 무너진 나라를 일으키기 위해 노력했다. 다만 김상헌만은 한양으로 가지 않고 고향인 안동으로 내려가 버렸다. 조선은 오랑캐와 화친을 맺어 전쟁을 끝냈지만, 김상헌만은 끝까지 오랑캐와 화친을 맺지 않았다.

"전하! 나라에서 5000명의 조선 군사를 뽑아 명나라를 공격하는 오랑캐를 돕게 한다는 소문을 들었습니다. 신은 놀란 마음을 가눌 수가 없습니다. 전쟁이 끝나고 3년이 지났습니다. 머지않아 오랑캐에게 원수를 갚을 것이라 기대했는데, 나라는 어찌하여 오랑캐가 시키는 대로 끌려다니고만 있습니까? 예로부터 죽지 않는 사람이 없고 망하지 않는 나라가 없습니다. 죽고 망하는 것이야 참을 수 있지만, 의리와 명분을 저버리는 일은 따를 수 없습니다. 전하! 저들의 명나라 공격을 돕기 위해 조선의 군사를 보내서는 아니 되옵니다."

전쟁이 끝나고 3년이 지날 때쯤 청나라는 명나라를 공격하기 위해 조선에 군사 5000명을 요구했다. 임진왜란 때 도와준 은혜와 300년간 지켜 왔던 명나라와의 의리를 생각할 때, 조선으로서는 들어주기 어려운 요구였다.

하지만 전쟁에서 항복한 조선은 오랑캐의 요구를 거절할 힘이 없었다. 그때 안동에 머물러 있던 김상헌이 인조에게 글을 올려 오랑캐의 요구를 들어주지 말아야 한다고 강력히 주장했다.

김상헌은 글을 올릴 때 이미 죽음을 각오했다. 김상헌은 임금에게 올리는 글인 상소 마지막에 '김상헌 올림'이라고 이름을 쓰면서 오랑캐가 자신을 잡으러 올 것을 알고 있었다.

"안동에 있는 김상헌이라는 자를 잡아 보내라!"

오랑캐 장수 용골대가 조선 의주까지 득달같이 달려와서는 김상헌을 보내라고 요구했다.

병자년 이후 오랑캐들은 조선에서 오랑캐와의 화친을 으뜸으로 반대했던 신하를 계속 찾고 있었는데, 이즈음 김상헌이라는 이름을 알게 되었다. 더구나 김상헌이 오랑캐와의 화친을 으뜸으로 반대한 것뿐 아니라 조선이 오랑캐에게 항복한 이후에는 벼슬을 거부했고, 오랑캐에게 조선의 군대를 보내지 말자고 주장했다는 것까지 알아냈다. 오랑캐에게 김상헌은 눈엣가시 같았다.

"저들이 김상헌을 보내라 합니다."

오랑캐 사신을 만나고 온 최명길이 인조에게 아뢰었다.

"내 어찌 김상헌을 저들에게 보낼 것이며, 김상헌이 선양까지 갈 수나 있겠는가?"

인조가 신음처럼 말했다. 조선에서 선양까지는 보통 먼 길이 아닌데, 일흔이 넘은 김상헌이 그 먼 곳까지 무사히 갈 수 있을지도 걱정이었다.

"전하! 저들의 요구를 들어주지 않을 수 없습니다. 또한 저들이 심하게 재촉하고 있으니 하루도 지체할 수 없습니다."

최명길이 엎드려 말했다.

"…… 김상헌을 가게 하라. 멀고 험한 길을 가야 할 터인데 담비

가죽옷을 보내 추위로 인한 고생이라도 덜하게 하라."

인조가 어쩔 수 없이 김상헌을 가게 하라면서 안타까운 마음을 전했다.

"잠시만 쉬었다 가세."

김상헌이 앞서가는 사람들에게 말했다. 12월 19일, 안동에 머물던 김상헌이 끌려 나와 18일을 밤낮없이 내달려 의주에 도착하는 길이었다.

　가노라 삼각산아 다시 보자 한강수야
　고국산천을 떠나고자 하랴마는
　시절이 하 수상하니 올동말동하여라.

　김상헌이 먼 하늘을 바라보며 시조 한 수를 천천히 읊조렸다. 나라를 떠나는 김상헌의 애달픈 마음이 시조의 구절구절마다 묻어났다.

　시조를 다 읊조린 김상헌이 땅바닥에 엎드려 임금이 계신 한양을 향해 절을 올렸다.

　"전하! 다시 전하를 뵈옵게 된다면 비록 죽는 날이라 하더라도 기쁠 것이옵니다."

　절을 마친 김상헌은 산과 들과 하늘을 하염없이 바라보았다. 김상헌은 어쩌면 이 길이 조선의 산과 들을 보는 마지막 길이 될지도 모른다고 생각했다.

　"김상헌을 들게 하라."

김상헌이 의주에 도착했을 때 용골대는 관아에 앉아 있었다. 김상헌은 지팡이를 짚고 휘청휘청 용골대가 있는 곳으로 걸어 들어가 용골대에게 절도 하지 않고 그대로 바닥에 주저앉았다.

용골대 앞에 도착한 김상헌은 베옷을 입고 짚신을 신은 채 지팡이에 의지한 노인의 모습 그대로였다. 그러나 용골대를 똑바로 바

라보는 김상헌의 부릅뜬 눈에는 상대방을 꼼짝 못하게 하는 힘이 있었다.

"우리가 다 알고 있으니 모두 말하라."

용골대가 엄한 목소리로 말했다.

"묻는 말이 있으면 내가 마땅히 대답할 것이다. 그런데 모두 말하라고만 하니, 무엇을 말해야 할지 모르겠다."

김상헌이 카랑카랑한 목소리로 지지 않고 맞섰다.

"남한산성에서 조선의 임금이 성을 나올 때 그대는 왜 그대의 임금을 따라 나오지 않았느냐?"

"어찌 우리 임금을 따르지 않았겠는가. 다만 늙고 병들어 따르지 못했다."

인조가 남한산성을 나설 때 김상헌은 하인의 등에 업힌 채 성문에서 임금을 보내 드렸다. 남한산성에서 죽기로 결심하고 음식을 입에 대지 않은 날이 많았던 김상헌은 쇠약해질 대로 쇠약해져 하인의 등에 업혀서야 겨우 성문까지 나올 수 있었던 것이다.

"우리가 명나라를 공격하기 위해 조선에 군사를 요구했을 때, 그대는 어찌하여 막았는가?"

"내가 내 뜻을 우리 임금에게 말했을 뿐이다. 조선 임금과 조선 신하의 일인데, 다른 나라가 무슨 관계가 있다고 묻는가?"

김상헌의 대답에 용골대가 움찔했다. 조선의 신하가 자신의 임금에게 자기 나라의 일에 대해 말한 내용을 가지고 다른 나라가 꾸짖는 것은 이치에 맞지 않았다.

용골대가 잠시 주춤하더니 다시 입을 열었다.

"조선과 우리가 이미 한 나라가 되었는데, 어찌해서 그대는 우리를 다른 나라라고 하는가?"

"조선은 조선이고 너희 나라는 너희 나라다. 어찌 두 나라가 다른 나라가 아니겠는가?"

용골대가 몇 번을 물어도 김상헌은 거침없이 대답했다.

'음……. 내가 엄하게 물으면 대부분의 조선 사람들은 공손하게 답하는데, 이 자는 거침없이 맞서니 감당하기 어려운 사람이다.'

용골대가 김상헌을 잠깐 바라보며 생각하다가, 다시 자세를 바로 하고 소리쳤다.

"김상헌을 선양으로 끌고 가자."

선양에 끌려간 김상헌은 사형수들만 가둔다는 선양의 북관에 갇히게 되었다.

끝까지 뜻을 굽히지 않고

1643년 1월 20일.

"나리, 오랑캐들이 안팎으로 분주합니다. 오늘 누가 또 잡혀 온다고 합니다."

선양까지 따라온 하인이 김상헌이 갇혀 있는 감옥 안을 들여다보며 말했다. 감옥에 앉아 있는 김상헌의 목과 발목에 쇠사슬이 묶여 있었다.

"……."

김상헌은 두 눈을 감은 채 대답이 없었다.

김상헌이 선양에 끌려와 오랑캐의 감옥에 갇히고 어느덧 네 번째 해를 맞이하고 있었다.

"나리! 지금 옆방에 누가 왔는지 아십니까?"

"왜 이리 호들갑을 떠느냐?"

김상헌이 야단을 피우는 하인에게 핀잔을 주었다.

"나리도 아시면 깜짝 놀라실 겁니다."

"내가 놀랄 일이 무엇이더냐?"

"최명길 대감이 옆방에 잡혀 왔습니다요!"

"……."

하인의 입에서 나온 '최명길'이라는 이름에 김상헌도 내심 놀랐다. 최명길이라면 정묘호란부터 병자호란까지 오랑캐와의 화친에 가장 앞장섰던 사람이다. 그런 최명길이 선양에 잡혀 왔다니, 김상헌이 두 눈을 조용히 떴다 감았다.

'이계의 일로 잡혀 왔구나.'

김상헌은 짚이는 일이 있었다.

이계는 조선 사람으로 선천 부사였다. 이계가 청나라 몰래 명나라의 장사꾼들과 밀무역을 하다 발각되었는데, 그는 자신이 살기 위해서 조선에 아직도 명나라를 받드는 신하들이 있다고 고발해 버렸다. 이계가 청나라에 고발한 조선의 신하 중에 김상헌과 최명길의 이름이 들어 있었다.

김상헌은 자신도 이계의 고발로 새로이 심문을 받고 있던 터라, 최명길 또한 그 일로 잡혀 왔으리라 짐작했다.

"나리, 최명길 대감께서 보내셨습니다."

김상헌이 하인이 내민 종이를 받아 펼쳐 보니 시가 한 수 쓰여 있었다.

끓는 물도 물이고 얼음도 물이네.
가죽옷도 옷이고 베옷도 옷이네.
일이 어쩌다 때를 따라 다르나
마음이야 어찌 도에서 어긋나랴.

최명길이 김상헌에게 보낸 시였다.

"흐흠. 오랑캐와의 화친을 반대한 신하도 신하이고, 화친을 찬성한 신하도 신하라는 뜻이로군. 종이와 붓을 가져오거라."

김상헌이 최명길의 시를 읽으며 말했다. 김상헌은 하인이 가져다준 종이에 거침없이 시를 썼다.

이기고 지는 것은 하늘에 있으니
다만 의로운가가 중요하네.
아무리 아침저녁이 바뀐다 해도
어찌 윗옷과 아래옷을 바꿔 입으랴!

"이것을 전하여라."

김상헌이 종이를 하인에게 건넸다. 종이에는 오랑캐와 화친을 반대했던 신하들은 의로웠고, 오랑캐와 화친을 찬성했던 신하들은 의롭지 않았다는 내용의 시가 쓰여 있었다.

이계의 고발이 있은 뒤로 김상헌의 감옥 생활은 더욱 고단했다. 매일 불려 나가 오랑캐들에게 심문을 당했고, 알지도 못하는 일에 관해 설명해야 했다.

나날이 계속되는 감옥의 고된 생활 속에서 김상헌과 최명길은 서로를 조금씩 이해하게 되었다. 오랑캐와의 화친을 두고 의견이 달랐던 두 사람이지만, 오랑캐의 모진 심문에 굽히지 않는 서로의

절의를 보면서 조금씩 마음의 문을 열었다.

이계의 고발로 인한 심문이 계속되던 어느 날, 용골대가 김상헌과 최명길을 감옥에서 불러냈다.

"너희를 특별히 너희 세자 가까이 있게 하련다. 나와서 우리 황제의 큰 은혜에 감사를 표하라."

용골대가 최명길과 김상헌이 갇혀 있는 감옥의 자물쇠를 차례로 풀면서 말했다. 용골대는 김상헌과 최명길에게 소현 세자가 머물고 있는 곳 가까이로 옮겨 조금 더 편하게 해 주겠다고 했다.

최명길이 용골대에게 감사를 표하고 얼른 김상헌의 감옥 안으로 들어갔다.

최명길은 감옥 바닥에 누워 있는 김상헌에게 다가가 김상헌의 팔을 잡아 일으키려 했다. 오랑캐 황제가 있는 서쪽을 향해 절을 하자는 뜻이었다.

"나는 허리가 아파서 일어날 수가 없소."

김상헌이 최명길의 손을 뿌리치고 도로 누우며 말했다.

"어찌 이러시오? 어서 일어나시오. 저들이 노여워할까 두렵습니다."

최명길이 작은 소리로 김상헌에게 속삭였지만, 김상헌은 꿈쩍도 하지 않았다.

용골대가 눈을 부릅뜨고 김상헌을 한참 노려보았다.

"허리가 아파 일어나지 못하는 것인데, 어찌하겠소?"

용골대가 노려보는 것을 뻔히 알면서도 김상헌은 태연히 돌아누우며 말했다.

"허리가 아파 일어날 수가 없다고 합니다."

최명길이 김상헌을 대신해서 용골대에게 사과했다.

최명길은 어쩔 수 없이 혼자 일어나 서쪽을 향해 네 번 절을 올리고, 다시 용골대에게 고마움을 전했다.

최명길이 혼자 감사의 예를 올리는 동안에도 김상헌은 등을 돌리고 누운 채 일어나지 않았다.

1645년 2월 23일, 김상헌은 선양의 감옥에서 풀려났다. 김상헌이 선양에 끌려온 지 햇수로 6년이 지났을 때였다.

김상헌은 그 오랜 시간 동안 선양에 갇혀 있으면서 오랑캐들에게 심한 고초를 겪었으나 조금도 뜻을 굽히지 않았다.

김상헌

목숨을 걸고 지켜야 하는 의리

김상헌 공은 굳센 절의와 강한 신념으로 나라를 사랑했던 조선 중기의 문신이며, 병자호란 때 대표적 척화파로 오랑캐와의 화친을 강하게 반대했다. 1570년에 태어나서 1652년에 돌아가셨다.

기자는 김상헌 공의 흔적을 쫓아 안동 청원루를 찾아갔는데, 그곳에서 김상헌 공의 손자인 김수항 공과 제자인 송시열 공을 만날 수 있었다.

청원루 경상북도 안동에 있는 누각으로, 청나라에 끌려갔다 돌아온 김상헌이 낙향하여 머물던 곳이다. 청원루라는 이름은 '청나라를 멀리한다.'는 뜻이다.

김상헌 공께서 병자호란 때 청나라와의 화친을 반대하셨는데, 그 이유를 들으셨는지요?

김수항입니다. 할아버지께 그 일에 대해 여쭈어본 적이 있는데, 할아버지께서도 무조건 반대를 한 것은 아니었다고 하셨습니다. 할아버지께서는 화친을 하더라도 먼저 저들과 싸워 본 다음에 이야기해야 한다고 주장하셨지요. 싸워 보지도 않고 처음부터 저들에게 비굴한 말로 화친해 주기만 한다면, 정당한 화친 또한 이룰 수 없다고 생각하셨답니다.

최명길 공이 오랑캐와 화친의 문서를 썼을 때, 김상헌 공께서 그 문서를 찢어 버린 이유를 아시는지요?

할아버지께서 화친 문서를 읽는데 그 안에 비굴한 표현들이 들어 있어 참을 수 없었다고 하셨습니다. 이는 조선과 청나라의 화친을 맺는 나라 대 나라의 문서였기 때문에 글자 하나 글을 쓰는 태도 하나까지도 아주 중요했답니다. 그런 중요한 문서에 '화친'이 아닌 '항복'이라는 말을 쓰거나, 용서를 비는 비굴한 표현을 써서는 절대로 안 된다고 생각하셨답니다.

김상헌 공께서 선양에 끌려가셨던 일에 대해서 말씀해 주시지요?

오랑캐들이 조선의 군사를 동원해서 명나라를 침략하려 할 때, 할아버지께서는 상소를 올려 반대하셨거든요. 할아버지께서는 "호랑이가 우리를 잡아먹었는데, 우리가 또 그 호랑이를 이끌고 가서 명나라를 잡아먹게 할 수 있겠느냐?"라고 말씀하셨습니다. 우리는 비록 오랑캐에게 항복했지만 우리가 오랑캐를 도와 명나라를 칠 수는 없다는 것이지요.

김상헌 공에 대해 더 해 줄 말씀이 있으신지요?

송시열입니다. 병자호란 당시 나라의 운명은 남한산성 한 곳에 달려 있었습니다. 나라의 형편이 참으로 어려웠는데, 김상헌 공께서는 굳은 의지로 흔들리지 않으셨습니다. 김상헌 공께서는 "사람이면 누구인들 죽지 않을 것이며, 나라라면 어느 나라가 영원히 망하지 않겠는가? 의리를 지키다가 망한다면 그것이 영광이다."라고 말씀하셨지요. 의리는 사람이건 나라건 목숨을 걸고 지켜 내야 했던 것입니다. 김상헌 공의 충성스러운 뜻이 병자년 이전에 받아들여졌다면, 우리나라가 의리에 부끄러운 일은 없었을 것입니다. 그런데도 김상헌 공이 임금을 버리고 나라를 배반했다며 헐뜯는 이들이 있으니 참으로 안타까운 노릇이지요.

김상헌 공께서 임금을 버리고 나라를 배반하셨다니요?

제가 말씀드리겠습니다. 저들은 할아버지께서 임금을 따라 삼전도에 가지 않았으며, 남한산성을 나와서도 한양으로 가서 임금을 돕지 않고 안동으로 내려가 버렸다고 비난했습니다.

임금이 치욕을 당하면 신하가 죽음을 택하는 것은 당연한 의리입니다. 그래서 할아버지께서는 누구보다 앞서 기꺼이 자결하려 하셨고, 차마 임금께서 치욕을 당하는 것을 보지 않으려 하셨습니다. 그런 할아버지께서 임금을 버리고 나라를 배반했다니요?

김상헌 공께서 남한산성을 나와 한양으로 가지 않고 안동으로 가신 이유를 들으셨는지요?

할아버지께서는 남한산성에서 나올 때 하인의 등에 업혀서 나올 정도로 기력이 없으셨답니다. 죽기를 각오하고 몇 날 며칠을 굶으셨던 뒤니까요. 임금께서 삼전도로 가실 때도 할아버지께서는 하인의 등에 업혀서 배웅하셨고요. 또한 할아버지께서는 원래 시골에 계시다가 나라가 위급하다는 소식을 듣고 남한산성으로 달려가셨던 것입니다. 그러니 다시 시골로 돌아가셨던 것이지요. 화친을 막아 내지도 못했고 자결하려는 뜻도 이루지 못한 신하가 감히 한양으로 가서 임금을 뵐 수 없었다고 하셨습니다.

기자가 안동을 떠나는데, "사람이면 누구인들 죽지 않을 것이며, 나라라면 어느 나라가 영원히 망하지 않겠는가? 의리를 지키다가 망한다면 그것이 영광이다."라는 김상헌 공의 말씀이 머릿속을 떠나지 않았다.

《설교시첩》 김상헌이 선양에 볼모로 잡혀가 있는 동안에 지은 한문 시첩. 감옥 생활의 심경을 담고 있다.

부록

역사 선생님이 들려주는
병자호란 이야기

이성호
(서울배명중학교 교사, 전 전국역사교사모임 회장)

병자호란은 '척화론' 때문에 일어났을까?

임진왜란과 정유재란, 그리고 동아시아의 변화

조선은 명나라를 섬겨 왔어. 사실 조선뿐 아니라 고구려, 백제, 신라, 그리고 고려도 모두 중국 왕조를 섬겨 왔지. 중국을 황제 국가로 떠받드는 대신, 그들과 교류하며 발달한 문화를 받아들이고, 무역을 통해 경제적 이익을 꾀하는 것이 나라에 더 유리하다고 생각했기 때문이야. 중국 주변 나라들은 대부분 이런 식으로 중국을 황제 국가로 떠받들었어. 이걸 '사대'라고 해. 큰 나라와 국경을 맞닿고 있으면서 안전과 이익을 지키려면 어쩔 수 없는 일이었겠지?

1592년, 일본이 침공해 오자 조선은 명나라에 도움을 요청했어. 일본이 명나라까지 위협했기 때문에 명나라는 구원병을 보내기로 했지. 황제 국가의 위신을 지키기 위해서라도 파병은 피할 수 없는 일이었어. 명나라는 임진왜란 때 5만, 정유재란 때는 20만이나 되는 병사를 보내 조선을 도왔지. 결국 일본은 조선을 정복하지 못하고 물러났어.

가뜩이나 북쪽 오랑캐와 남쪽 왜구의 침략으로 골머리를 앓고 있던 명나라는 대규모 파병 이후 더욱 휘청거리게 됐어. 나라 창고가 비게 되었고, 이를 채우기 위해 세금을 늘리자 농민들의 불만이 커져 갔지. 이 틈을 타고 중국의 북동쪽에서 여진족들이 점점 성장했어. 스스로 '만주족'이라 이름 붙인 이들은 결국 '후금'이라는 나라를 세웠어. 전쟁으로 황폐해진 조선, 파병으로 더욱 쇠퇴한 명나라 곁에 새롭게 후금이 등장한 거야.

광해군의 '중립 외교'

후금은 나날이 세력을 키워 갔고, 명에게 큰 위협이 되었어. 명나라는 대군을 동원해 후금을 몰아낼 계획을 세우고, 조선에도 파병을 요청해. 조선으로선 참 난감했겠지? 임진왜란 때 우리를 도와준 명의 요청을 거부하기도 어려웠지만, 새롭게 떠오르고 있는 후금을 적으로 돌리기도 꺼림칙했으니 말이야. 게다가 조선은 전쟁

피해를 복구하기도 벅차서, 많은 병사를 동원할 여력이 없었어. 광해군은 이런 상황에서 최대한 나라의 이익을 지키기 위해 묘안을 짜냈어. 일단 명나라의 요청을 받아들여 1만 원병을 보냈지. 하지만 원병을 이끄는 강홍립을 불러 상황에 맞게 대처하도록 몰래 일렀어. 전쟁터에 나선 강홍립 군은 후금에게 밀리자 바로 항복해 버려. 그리고 조선이 군대를 보낸 것은 명의 강요에 의한 것이며, 조선은 후금과 적이 될 생각이 없다고 후금을 다독였지.

이런 결정은 명과 후금 사이에서 조선의 생존과 이익을 지키기 위한 궁여지책이었어. 하지만 의리와 명분을 중시하는 양반 사대부들은 광해군을 격렬히 비난했지. 특히 서인들은 이렇게 의리 없는 자를 임금으로 섬길 수 없다며 정변을 일으켜, 광해군을 내쫓고 인조를 왕으로 들여앉혔어(인조반정, 1623년).

후금의 조선 침략, 정묘호란

인조와 서인들은 명나라에 의리를 지키는 것이 중요하다며 후금을 배척했어. 후금과의 교류를 끊고, 요동 탈환을 노리던 명나라 장수 모문룡을 지원하고 나선 거야. 한편 조선에서는 '이괄의 난'이 일어났어. 인조반정에 참여해 공을 세웠으나 제대로 대우를 받지 못해 불만을 품은 이괄이 반란을 일으킨 거야. 반란은 진압되었지만 남은 무리가 후금으로 도망쳐 가서 조선을 공격해야 한다고 부추겼지. 당시 명과 싸우고 있던 후금은 조선을 먼저 굴복시킬 필요가 있었어. 명나라를 마음껏 공격하기 위해서는 전쟁을 해서라도 조선을 자기편으로 삼아야 했던 거야. 게다가 경제적으로도 조선으로부터 계속 식량과 물자를 공급받는 것이 꼭 필요했지.

결국 후금은 3만의 병사로 조선을 침략했어(정묘호란, 1627년). 후금군은 황해도까지 내려왔지만, 인조는 강화도로 피신해 전쟁을 이어 갔어. 의병들도 들고일어나 후금군에 맞섰지. 결국 두 나라는 교섭을 통해 전쟁을 끝내기로 합의했어. 조선은 후금을 물리칠 힘이 부족했고, 후금은 명과의 전쟁에 힘을 집중해야 하는 상황이었기 때문이지. 양국은 형제가 되기로 약속했어. 후금은 더 이상 남하하지 않고 물러났어. 조선은 명나라와 관계를 끊지 않는다는 조건으로 후금과 적극 교류하기로 약속했대.

청의 조선 침략, 병자호란

후금과 조선의 형제 관계는 계속되기 어려웠어. 후금은 세력을 계속 키워 나라 이름을 청으로 고쳤지. 청은 명을 대신하는 황제 나라가 되어 중국 전체를 호령하고자 했어. 그래서 형제가 되기로 한 약속을 깨고 조선에게 자신을 섬기라고 요구했지. 동시에 막대한 물자를 조공으로 바치라고 강요했어. 군사력은 막강했지만 경제력은 부족했기 때문에 명나라를 정복하려면 조선으로부터 물자 공급을 늘리는 것이 꼭 필요했던 거야. 특히 영토와 함께 인구가 빠르게 늘면서 식량 부족이 심각했다고 해.

청의 사대 요구에 조선의 여론은 크게 갈라졌어. 다른 방법이 없으니 청의 요구를 받아들여 전쟁을 피하자는 '주화파'와 굴복하지 말고 싸우자는 '척화파'로 말이야. 양측의 주장이 팽팽히 맞서며 뚜렷한 결론을 내지 못하는 사이, 청 태종은 직접 10만의 군사를 이끌고 조선을 침략했어(병자호란, 1636년). 청나라 군대는 놀라운 속도로 남하하여 불과 일주일 만에 한양을 함락시켰지.

인조는 남한산성으로 피신해 버텨 보려 했어. 남한산성 안에서도 주화파와 척화파의 대립은 계속되었대. 그러나 청과 맞서 싸우기에는 모든 것이 너무 부족했어. 결국 인조는 청의 요구를 받아들여 '삼전도의 굴욕'을 겪으며 항복했지. 조선은 명과 관계를 끊고 청을 섬기며, 세자와 왕자 그리고 척화파 신하 등 많은 사람을 인질로 보낼 뿐 아니라, 매년 엄청난 양의 물자를 바치기로 약속해야 했지.

청 태종은 조선을 멸망시키지 않고 항복을 받아 주는 것을 고마워하라고 큰소리쳤지만, 사실 청도 전쟁을 오래 끌 수는 없었어. 쇠퇴했다고는 하지만 명이 아직 버티고 있었고, 조선을 정복하려 장기전을 치르는 것은 너무 큰 도박이었거든. 게다가 천연두 같은 전염병까지 돌아 청나라 병사들의 희생도 늘어나고 있었대. 결국 전쟁은 석 달 만에 마무리되었어.

조선과 청, 그 이후

정묘호란과 병자호란은 모두 후금, 청이 자신의 필요에 따라 일으킨 전쟁이야. 전쟁을 피할 수는 없었는지, 더 잘 대비하고 싸울 수는 없었는지 꼼꼼히 따져 보는 것은 꼭 필요한 일이지. 하지만 당시의 복잡했던 국제 정세를 외면하고 '척화론 때문에 전쟁이 일어났다.'고 단순하게 생각하는 것은 경솔한 일인 것 같아.

전쟁은 석 달 만에 끝났지만, 그 피해는 아주 컸어. 세자와 왕자 등 많은 사람이 인질로 끌려갔고, 전쟁 중 포로로 잡혀 간 사람만도 60만 명이 넘었다고 해. 조선이 청에 바쳐야 할 조공도, 명에 바치던 조공의 몇 배 수준으로 엄청나게 늘어났어. 게다가 청이 명나라를 공격할 때마다 어쩔 수 없이 많은 원병을 보내야 했지.

청의 공격에 시달리던 명나라는 결국 농민 봉기가 일어나 스스로 무너졌고, 그 틈을 타서 청나라는 요동을 넘어 내륙으로 쳐들어가 중국을 정복해 버렸어. 중국을 모두 차지해 경제력에 여유가 생긴 청나라는 조선이 바쳐야 할 조공을 점차 줄여 주었어.

하지만 청에 대한 조선의 적대감은 여전했어. 지금은 어쩔 수 없이 청을 섬기지만 언젠가 복수하겠다는 사람이 많았지. 황제를 자처하지만 청은 여전히 오랑캐 나라이고, 멸망했지만 명이야말로 진정한 황제 나라이니 끝까지 의리를 지키는 것이 도리라고 생각하는 사람들도 있었대. 이들은 복수를 꿈꾸며 '북벌'을 추진했어. 하지만 북벌은 현실성이 없는 얘기였어. 청은 나날이 강성해져 주변 지역까지 정복하면서 영토가 명나라의 두 배에 이르는 대국으로 성장했거든. 나중에는 청을 오랑캐라 업신여기는 것은 잘못이라고 생각하는 사람이 점차 늘어났어. 이들은 청나라의 발달한 문물을 인정하고 청으로부터 배워야 한다며 '북학'을 주장하기도 했어.

병자호란, 위기에서 빛난 조선의 리더들

1판 1쇄 발행일 2019년 9월 20일
1판 2쇄 발행일 2021년 1월 25일

지은이 박은정
그린이 한용욱

발행인 김학원
발행처 휴먼어린이
출판등록 제313-2006-000161호(2006년 7월 31일)
주소 (03991) 서울시 마포구 동교로23길 76(연남동)
전화 02-335-4422 **팩스** 02-334-3427
저자·독자 서비스 humanist@humanistbooks.com
홈페이지 www.humanistbooks.com
유튜브 youtube.com/user/humanistma **포스트** post.naver.com/hmcv
페이스북 facebook.com/hmcv2001 **인스타그램** @human_kids

편집주간 정미영 **편집** 정은미 이주은 **디자인** 한예슬
사진 제공 국립중앙박물관 문화재청 코리아넷 한국학중앙연구원
용지 화인페이퍼 **인쇄** 삼조인쇄 **제본** 정민문화사

글 ⓒ 박은정, 2019

ISBN 978-89-6591-375-7 73910

- 이 책은 저작권법에 따라 보호받는 저작물이므로 무단 전재와 무단 복제를 금합니다.
- 이 책의 전부 또는 일부를 이용하려면 반드시 저작권자와 휴먼어린이 출판사의 동의를 받아야 합니다.
- **사용 연령 8세 이상** 종이에 베이거나 긁히지 않도록 조심하세요. 책 모서리가 날카로우니 던지거나 떨어뜨리지 마세요.